U0690708

农民外出务工法律实务

A Legal Guide for Migrant Workers

主　编 张万洪
副主编 李　强

编写顾问（按姓氏拼音排序）：
李　龙　马安骏　桑　宁　王运亮　杨望保　郑自文

撰稿人（按姓氏拼音排序）：
柴瑞娟　韩锡博　李　强　王　航　张万洪

审稿专家（按姓氏拼音排序）：
程良奎　吴胜利

WUHAN UNIVERSITY PRESS
武汉大学出版社

《农民外出务工法律实务》
顾问及编写成员简介

张万洪　法学博士，武汉大学法学院副教授，武汉大学公益与发展法律研究中心主任。

李　强　法学博士，武汉大学知识产权法研究所研究员，中南财经政法大学知识产权研究中心博士后研究员。

李　龙　武汉大学人文社科资深教授。

马安骏　政治学博士，湖北省司法厅副厅长。

桑　宁　司法部法律援助中心副主任。

王运亮　法学博士，湖北省律师公证管理处处长。

杨望保　湖北省司法厅副巡视员。

郑自文　法学博士，司法部法律援助中心业务指导处处长。

柴瑞娟　法学博士，山东大学法学院讲师。

韩锡博　法学硕士，国务院台湾事务办公室法规局。

王　航　法学硕士，中国证券登记结算有限责任公司。

程良奎　法学硕士，广东翰诚律师事务所律师、合伙人。

吴胜利　湖北维力律师事务所律师、合伙人，湖北省律师协会劳动保障专业委员会副主任。

序

编者初习法律，即捧阅王泽鉴先生的《民法学说与判例研究》。发现他写矿工保护的章节，与其他文章文风颇不一样。后来有机会面见王先生，向他请教。他说有关矿工的事例，来自他的童年经历。王先生幼年，曾亲历矿场瓦斯爆炸，目睹一具具矿工尸体被抬上来。及至夜间，尸体上荧荧的磷光鬼火，使他久久不能忘怀。写作矿工保护的文章，带着感情，自不同于一般的法律论文。

目光转回大陆，有统计数据显示，中国大陆的经济腾飞，农村外出务工人员作出了卓越的贡献。然而，当他们背井离乡，来到陌生的城市，往往会面临种种巨大的困难。不熟悉与务工有关的法律规则，会使情况雪上加霜，在他们遭受无良雇主的欺骗与霸凌之时，浑然不知；或恍然大悟，却为时已晚。

大家都是血肉之躯，都良知未泯，听到农村外出务工人员被迫超时加班、被克扣工资的故事，或看到他们受工伤、罹患职业病的数据，多少都会有触动。

回想在上个世纪的新文化运动中，时任北京大学校长蔡元培先生，即为《新青年》题词"劳工神圣"。这体现了知识分子对劳工的关注和崇敬。武汉也是一个有着光荣劳工维权历史传统的城市，在离编者校园不远的洪山，即有施洋烈士墓。墓碑基座刻有董必武主席的诗句："二七工仇血史留，吴萧遗臭万千秋。律师应仗人间义，身殉名存烈士俦。"

上述种种，给我的启发是法律人要用自己的专业知识帮助这些被称作"农民工"的人。因此我们就编写了这本小册子，从劳动合同与劳动争议、工伤与职业病等几个方面，深入浅出、简洁明了地介绍劳动法知识。

本书既可以充当法律工作者在为农村外出务工人员提供法律援助的过程中可以随时查阅引用、解答疑惑的工具书，也可以作为农村外出务工人员自学法律知识、保护自身合法权益的教材。为此，本书在编订体例和讲授方法上有如下特点：

➢ 按照外出务工常见纠纷类型编订章节。

➢ 在每一个法律概念与命题之后都附有法条依据说明，方便查阅引用法条办案。

➢ 大量使用流程图，直观反映办案程序。

➢ 大量使用案例分析，生动演示如何实际运用法律知识。

劳动创造财富，劳动是美丽的。由于自身知识之欠缺，更由于工厂业主之无良、有关部门之失职、相关法律之牴牾、维权渠道之不畅，使农村外出务工人员的维权之路障碍重重。我们希望本书能帮助工友们克服障碍，实现美丽的人生。

张万洪

目　　录

目 录

上 篇
农民外出务工劳动合同与劳动争议

☞ **导读**

《劳动法》、《劳动合同法》、《劳动合同法实施条例》等法律法规对农民外出务工的权利义务、纠纷解决作出了详尽规定。

第一章 基本知识

一、关于外出务工人员是否适用劳动法的问题

外出务工人员原则上适用劳动法，可以寻求劳动法的保护。

根据我国《劳动法》及其相关规定，中国境内的企业、个体经济组织与劳动者之间，只要形成劳动关系，即劳动者事实上已成为企业、个体经济组织的成员，并为其提供有偿劳动，就适用劳动法；不过外出务工做家庭保姆和自行经商的一般情况下不会产生劳动关系，不适用劳动法。

如果没有特别提示，以下外出务工人员均为构成劳动关系的人员。

【依据】《劳动法》第 2 条；《关于贯彻执行〈中华人民共和国劳动法〉若干问题的意见》（以下简称《劳动法意见》）第 2、4 条。

二、外出务工人员享有的权利

在劳动者权利方面，外出务工人员与用人单位形成劳动关系后，即享有我国《劳动法》所明确规定的权利。

1. 平等就业和选择职业的权利，即外出务工人员在就业时，不应因民族、种族、性别、宗教、婚姻等因素而受用人单位的歧视；同时，也有根据自己的兴趣、才能等选择职业的权利。

2. 获得劳动报酬的权利，即劳动者只要按照用人单位的要求付出了劳动，就有权利获得相应的报酬。

3. 休息休假的权利，即外出务工人员有权拒绝用人单位在法律规定的工作时间（《劳动法》规定职工每日工作 8 小时、每周工作 40 小时）以外安排的加班，具体的休息休假时间包括：工作日内的间歇时间、每周公休假日（用人单位应该保证每周至少休息一天）、法定节假日、婚丧假和年休假等。

4. 获得劳动安全卫生保护的权利。

5. 接受职业技能培训的权利。

6. 享受社会保险和福利的权利。

7. 提请劳动争议处理的权利。

8. 法律规定的其他劳动权利。具体包括依法组织、参加工会的权利，通过职工大会、职工代表大会或其他形式参与民主管理的权利，就保护劳动者合法权益与用人单位平等协商的权利以及依法解除劳动合同的权利。

【依据】《劳动法》第 3、4、7、8 条。

三、外出务工人员承担的义务

1. 外出务工人员应当完成劳动任务；

2. 提高职业技能；

3. 执行劳动安全卫生规程；

4. 遵守劳动纪律和职业道德。

【依据】《劳动法》第 3 条。

四、外出务工的途径

概括来说，外出务工的途径一般有以下几种：

1. 从当地的乡、县劳动就业服务机构获取信息，具体如乡镇的就业服务站、县劳动就业服务机构等。这些部门负责所在地的劳动就业服务工作，承办农村剩余劳动力跨省流动就业服务的具体事务。一般而言，这些机构会为当地有意愿外出务工者提供大量而且可靠的就业信息。

2. 同乡、亲朋好友的介绍。这种外出务工途径也比较常见。一般来说，已经在外务工者对外面的用工情况较为熟悉，相关经验也较为丰富，通过他们的介绍，一般也比较可靠。但也不排除例外，近些年常有过于轻信同乡或亲朋好友而上当受骗的事例，所以，准备通过这种途径外出务工的人员，要保持一定的警惕性。

3. 用人单位直接到当地招用。有些用人单位会直接派工作人员到当地招工，这种途径可以节省找工作的时间和费用，较为便利。但同时，也应该注意招工单位的真实性和可靠性，必要时可以到劳动部门核实了解相关情况，也可以通过网络等途径查验一下其相关工商登记信息，以免上当受骗。

4. 通过报纸、电视、广播甚至网络等获取进城务工的信息。许多报纸、杂志、电视、广播等都设有专门刊登招聘信息的版面或节目，准备外出务工的人员可以留意上面的相关信息。但这种途径也有弊端，即信息庞杂、真假难辨，所以，在选择时一定要多加留意，注意筛选。

5. 通过城市专门的劳动力就业市场。一般来说，各城市都会有专门的劳动力就业市场，为供需双方即用人单位和劳动者提供相互选择的场所，这是较为常见的就业途径之一。

6. 通过职业介绍机构。职业介绍机构是为求职者提供就业信息，为用人单位提供人才信息，并按照规定收取费用的市场中介机构。

职业中介机构包括非营利性职业介绍机构和营利性职业介绍机构两类。前者一般指公共职业介绍机构，即各级劳动保障行政部门举办、承担公共就业服务职能的公益性服务机构，使用全国统一的标示（标志以汉字"介"为基本造型，简洁明了地突出"介绍"、"中介"的内涵，该标志外型以心形图形构成，反映了公共职业介绍机构的公益性质）。

营利性职业介绍机构是指由法人、其他组织或个人举办的，从事营利性职业介绍的服务机构，也称民营职业介绍机构。去民营职业介绍机构求职，务必了解以下情况：有无营业执照，有无相关审批手续，有无相应的工作场所、设备以及工作人员，职业介绍程序是否符合常理等。在城市中，有大量的民营职业介绍机构，现实中求职人员在一些不规范的机构中上当受骗的也为数不少，所以通过此种途径求职，尤其要注意。

（公共职业介绍机构在全国统一采用的标示）

☞ **重点提示**

1. 若要通过职业中介机构求职，最好通过公共职业介绍机构进行，切记其全国统一的标示。

2. 若要通过民营职业中介机构求职，要格外警惕。

五、外出务工需要携带的证件

一般来说，外出务工需携带以下证件：

1. 居民身份证；

2. 乡镇政府或劳动部门颁发的《外出人员就业登记卡》或者其他证明材料；

3. 育龄妇女应向户口所在地的计划生育部门申领流动人口计划生育证明；

4. 夫妻一同外出的，携带结婚证；

5. 学历证书，如高中毕业证或职业学校毕业证等；

6. 有专业技术的人员，应注意携带有关部门发放的证明材料，如驾驶证、电工证、厨师证等；

7. 其他能证明身份的证件或材料，如村民委员会出具的证明材料等。

外出务工一定不要忘记携带相关证件。

六、我国《劳动法》关于就业的原则性规定

1. 就业平等，即劳动者就业，不因民族、种族、性别、宗教信仰不同而受歧视。

2. 妇女和男子有平等就业的权利。在录用职工时，除国家规定的不适合妇女的工种或者岗位外，不得以性别为由拒绝录用妇女或者提高对妇女的录用标准。

3. 禁止用人单位招用未满 16 周岁的未成年人。文艺、体育和特种工艺单位招用未满 16 周岁的未成年人，必须依照国家有关规定，履行审批手续，并保障其接受义务教育的权利。

【依据】《劳动法》第 12、13、15 条。

☞ 重点提示

> 未满 16 周岁不能外出务工。

七、用人单位的劳动规章制度

用人单位应当依法建立和完善劳动规章制度，保障劳动者享有劳动权利，履行劳动义务。

用人单位在制定、修改或者决定有关劳动报酬、工作时间、休息休假、劳动安全卫生、保险福利、职工培训、劳动纪律以及劳动定额管理等直接涉及劳动者切身

利益的规章制度或者重大事项时，应当经职工代表大会或者全体职工讨论，提出方案和意见，与工会或者职工代表平等协商确定。

在规章制度和重大事项决定实施过程中，工会或者职工认为不适当的，有权向用人单位提出，通过协商予以修改完善。

用人单位应当将直接涉及劳动者切身利益的规章制度和重大事项决定公示，或者告知劳动者。

用人单位直接涉及劳动者切身利益的规章制度违反法律、法规规定的，由劳动行政部门责令改正，给予警告；给劳动者造成损害的，应当承担赔偿责任。

【依据】《劳动合同法》第 4、80 条。

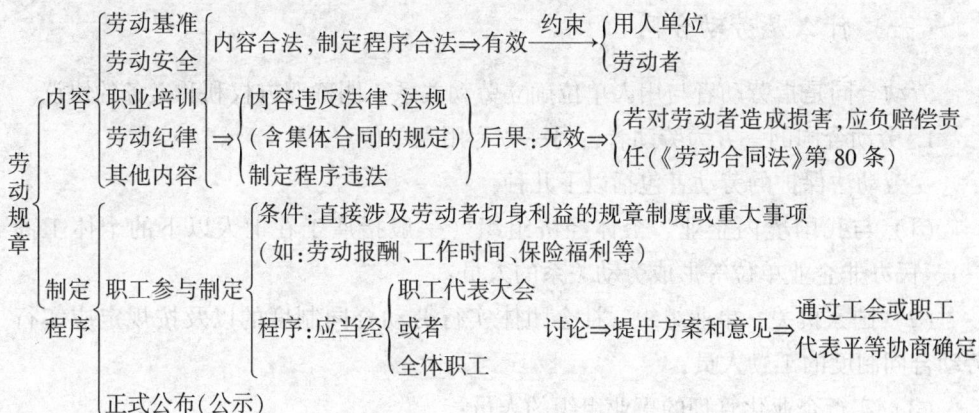

第二章　劳动合同

劳动合同是劳动关系双方当事人的行为规范，也是确定合同双方权利和义务的依据，尤其在发生劳动争议的情况下，劳动合同作为权利义务关系的记载和证明，对维护合同双方尤其是劳动者的合法权益，意义重大。所以，外出务工过程中，一定要同用人单位签订劳动合同。

一、劳动合同基本知识

（一）什么是劳动合同

劳动合同是指劳动者与用人单位确立劳动关系、明确双方权利和义务的协议。

1. 劳动合同的一方为劳动者，另一方为用人单位。

受劳动法保护的劳动者包括以下几种：

（1）与我国境内企业、个体经济组织（一般指雇工在七人以下的个体工商户）、民办非企业单位等形成劳动关系的人员；

（2）国家机关、事业组织、社会团体实行劳动合同制度的以及按规定应实行劳动合同制度的工勤人员；

（3）实行企业化管理的事业组织的人员；

（4）其他通过劳动合同与国家机关、事业组织、社会团体建立劳动关系的劳动者。

用人单位包括：

（1）中国境内的企业、个体经济组织、民办非企业单位；

（2）至于国家机关、事业组织、社会团体，《劳动法》规定其与劳动者之间建立劳动合同关系时，也被视为用人单位。

此外，一些法律法规为切实保障劳动者的权益，还将一些不符合法定要求的组织视为用人单位，要求它们承担等同于用人单位的法定义务，如《工伤保险条例》第63条规定：无营业执照或者未经依法登记、备案的单位以及被依法吊销营业执照或者撤销登记、备案的单位的职工受到事故伤害或者患职业病的，由该单位向伤残职工或者死亡职工的直系亲属给予一次性赔偿，赔偿标准不得低于条例规定的工伤保险待遇。

具体如下图：

```
                          ┌──────────┐
                          │  劳动者   │
                          └──────────┘
        ┌──────────────┬──────────────┼──────────────┬──────────────┐
┌──────────────┐┌──────────────┐┌──────────┐┌──────────────┐
│与我国境内企业、个││国家机关、事业组织、社││实行企业││其他通过劳动合同与│
│体经济组织、民办非││会团体实行劳动合同制度││化管理的││国家机关、事业组织、│
│企业单位形成劳动关││的以及按规定应实行劳动││事业组织││社会团体建立劳动关│
│系的人员       ││合同制度的工勤人员   ││的人员  ││系的劳动者     │
└──────────────┘└──────────────┘└──────────┘└──────────────┘
```

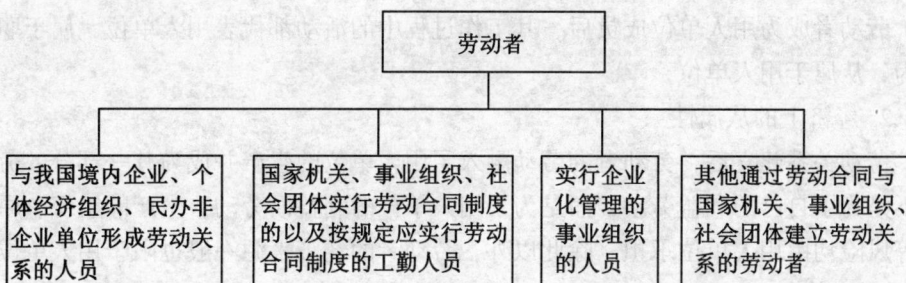

2. 劳动合同是劳动者和用人单位确立劳动关系的法律形式，它的主要目的和内容是明确劳动权利和劳动义务。

3. 劳动合同的内容要符合劳动法律、法规的规定，合同双方虽然可以协商约定合同的内容，但不得违反法律的强制性规定，否则这些违反法律规定的条款就是无效的，甚至还可能导致整个劳动合同的无效。

【依据】《劳动法》第 16 条；《劳动合同法》第 2 条；《劳动法意见》第 1、3、5 条。

☞ **重点提示**

> 并不是所有的劳动者都受《劳动法》保护，《劳动法》所保护的"劳动者"有一定范围，一定要注意这个范围，看自己是否在这个范围之内。比如个人通过非组织途径在一个家庭做保姆，就不受《劳动法》保护，发生纠纷时，应该通过《合同法》和《民法通则》维护自己的权益。

（二）劳动关系的认定

劳动关系认定的核心在于"从属性"，劳动合同的从属性指劳动合同的当事人一方——劳动者的从属性。在一般民事合同关系中双方当事人的地位平等，不存在服从的问题。劳动法中，劳动合同在订立时，劳动者有自主择业的权利，用人单位有用人自主的权利，两者的地位平等；但劳动关系一旦建立后，劳动者与用人单位就形成了事实上的隶属关系。从属性一般分为人格从属性、经济从属性和组织上的从属性。

1. 人格从属性

劳动者成为用人单位成员后，其工作过程中的活动都代表用人单位，属于职务行为，从属于用人单位。

2. 经济上的从属性

劳动关系建立后，劳动者的劳动融入了用人单位的生产并成为其一部分，劳动者不是为了自己的利益劳动，而是为了用人单位的利益而劳动，生产的组织、原材料等风险均由用人单位承担。除此以外，劳动者的经济来源一般也限于用人单位支付的工资、奖金等。

3. 组织上的从属性

组织上的从属性主要是指劳动者是用人单位的职工，必须服从单位依法制定的规章制度，接受单位的考勤与考核，服从用人单位的生产管理和合理的具体工作安排，接受用人单位的指挥监督。

除此以外，我们还应注意到，在劳动争议仲裁、诉讼环节中，劳动关系的认定是处理一切劳动争议的前提与基础。然而由于用人单位相对强势的地位，常常使劳动关系的认定出现举证难的情形，因此应该提醒劳动者在确立劳动关系后注意保留相关文字资料作为认定劳动关系的证据材料，如劳动合同、用人单位制作的涉及自己的内部文件（如任命书）、工资条、社保单、进入用人单位的身份证明证件（工卡）等，甚至是用人单位专用的工作服等，便于在出现劳动争议时，能够证明劳动关系的存在。原劳动和社会保障部2005年下发了《关于确立劳动关系有关事项的通知》，其中明确规定：用人单位未与劳动者签订劳动合同，认定双方存在劳动关系时可参照下列凭证：（1）工资支付凭证或记录（职工工资发放花名册）、缴纳各项社会保险费的记录；（2）用人单位向劳动者发放的"工作证"、"服务证"等能够证明身份的证件；（3）劳动者填写的用人单位招工招聘"登记表"、"报名表"等招用记录；（4）考勤记录；（5）其他劳动者的证言等。

（三）劳动合同与其他合同的联系与区别

劳动合同与其他合同的联系与区别，主要指与民事合同的联系与区别。毫无疑问，劳动合同是民事合同的发展，其与民事合同存在一定的共同点，比如说都必须存有双方当事人，合同的订立必须合法、自愿等。但是劳动关系作为社会法调整的法律关系，由于其特殊的性质必然存在国家公权力一定程度的干预与介入，致使劳动合同具有许多不同于一般民事合同的特殊性，在实践中尤其应该注意劳动合同与劳务合同及雇佣合同的区别。

1. 劳动合同与雇佣合同的联系与区别

所谓雇佣合同，是指劳动者对应一方不具有劳动法规定的劳动关系主体资格，但劳动者为其提供服务，且接受其管理并由其向劳动者给付报酬的合同。目前，我国司法实践认为劳动合同与雇佣合同是两种独立的合同，基本上将雇佣限定为自然人的雇佣。

所谓雇佣活动，是指从事雇主授权或指示范围内的生产经营活动。例如家庭雇佣保姆、个人请帮工等。雇佣合同的雇主一般是自然人。雇佣合同纠纷适用民法的相关规定，其纠纷的解决机制也适用于《民事诉讼法》的相关规定，此点与劳动合同不同。另外在雇佣关系中，受雇人即提供劳务的人受到人身损害的适用民法关于人身损害赔偿的规定，如《最高人民法院关于审判人身损害赔偿案件适用法律若干问题的解释》，而不能适用调整劳动关系的《工伤保险条例》。

2. 劳动合同与劳务合同的联系与区别

所谓劳务合同是一方当事人独立自主提供劳务，另一方当事人根据合同约定接受劳务并支付报酬的合同，主要包括承揽合同、运输合同、保管合同等。由于劳务合同作为一种无名合同，理应受《合同法》调整，因此其与劳动合同存在一定的区别，其中最主要的区别在于劳动合同具有从属性而劳务合同不具有从属性。劳务合同中容易与劳动合同混淆的是承揽合同。承揽合同在《合同法》中属于一种完成工作的合同。所谓承揽合同是指承揽人按照定作人的要求完成一定工作，并交付工作成果；定作人接受承揽人的工作成果并给付报酬的合同。完成工作的一方叫承揽人，接受工作成果并支付报酬的一方为定作人。

承揽合同与劳动合同的主要区别在于：

（1）合同订立的目的不同。定作人订立承揽合同是以取得承揽人完成的工作成果为目的，此劳动成果既可以是体力劳动也可以是脑力劳动。成果具有特定性，是按照定作人的要求完成的。与其不同的是，劳动合同的目的在于建立劳动关系，进而实现劳动过程，而不仅限于劳动成果的给付，更主要的是劳动行为本身的给付。

（2）合同当事人的独立地位不同。承揽合同中的承揽人并不接受对方当事人的管理、指挥，其只需要按照对方的具体要求，利用自身的生产工具及技能独立地完成工作；而在劳动关系中，劳动者必须接受用人单位生产安排，服从用人单位的规章制度，并且使用用人单位的生产资料完成劳动任务。

另外在实践中，对于劳动合同与一般民事合同的联系中值得注意的是，劳动者与单位签订了劳动合同不一定就是建立了劳动关系。因为根据《劳动合同法》第7条之规定，用人单位自用工之日起与劳动者建立劳动关系，也就是说存在签了合同但还没有形成劳动关系的情形。

（四）《劳动合同法》与《劳动法》的关系

《劳动合同法》是调整劳动合同订立、履行、变更、解除与终止过程中发生的社会关系的法律，是劳动法这一法律部门的重要组成部分。《劳动法》是调整劳动关系的基本法。两者在调整劳动关系上是特别法与基本法的关系。但值得注意的是两者并不能说成是下位法与上位法的关系，因为两者均由全国人大常委会制定，在效力位阶上并无不同。另外《劳动合同法》对于《劳动法》有多达 19 处的修改，在适用上应该遵从新法优于旧法的基本法理。

二、劳动合同的订立

我国《劳动法》第 16 条明确规定，建立劳动关系应当订立劳动合同。此为强制性规定，所以用人单位一旦与外出务工人员建立了劳动关系，就必须签订劳动合同。这也是对外出务工人员合法权益的有力保护。

（一）劳动合同订立的原则

订立和变更劳动合同，应当双方平等自愿、协商一致，不得违反法律、行政法规的规定。劳动合同依法订立后就具有法律约束力，合同双方必须履行劳动合同规定的义务。

1. 合同订立必须合法。劳动合同必须依法订立，不得违反法律、行政法规的规定。具体要求如下：

（1）劳动合同的主体合法。合同当事人必须具备合法资格，劳动者应该年满16 周岁，身体健康，具有劳动能力；用人单位应是依法成立的企业、个体经济组织、国家机关、事业单位或社会团体等。用人单位非法招用未满 16 周岁的未成年人的，由劳动行政部门责令改正，处以罚款；情节严重的，由工商行政管理部门吊销营业执照。

（2）劳动合同的内容必须合法。即劳动合同对双方当事人权利义务的规定必须符合有关法律、行政法规的规定。

（3）劳动合同订立的程序和形式合法。劳动合同订立的程序必须符合法律的规定，没有经双方协商一致，强迫签订的劳动合同无效。合同应该采用书面形式。

2. 合同订立必须双方平等自愿、协商一致。也就是说，在订立劳动合同的过程中，合同双方的法律地位平等，不存在命令与服从关系。合同的订立和内容的达成，必须完全出于当事人自愿，一方不得将自己的意志强加于另一方。劳动者被迫签订的劳动合同或未经协商一致签订的劳动合同为无效劳动合同。

☞ 重点提示

> 劳动合同的订立必须合法，双方必须自愿，否则劳动合同无效。

【依据】《劳动法》第 17、94 条；《劳动合同法》第 3 条；《劳动法意见》第 16 条。

（二）劳动合同的订立

用人单位自用工之日起即与劳动者建立劳动关系。用人单位应当建立职工名册备查。

建立劳动关系，应当订立书面劳动合同。

已建立劳动关系，未同时订立书面劳动合同的，应当自用工之日起 1 个月内订立书面劳动合同。

用人单位自用工之日起超过 1 个月不满 1 年未与劳动者订立书面劳动合同的，应当向劳动者每月支付 2 倍的工资。

用人单位与劳动者在用工前订立劳动合同的，劳动关系自用工之日起建立。劳动合同由用人单位与劳动者协商一致，并经用人单位与劳动者在劳动合同文本上签字或者盖章生效。

劳动合同文本由用人单位和劳动者各执一份。

用人单位没有将劳动合同文本交付劳动者的，由劳动行政部门责令改正；给劳动者造成损害的，应当承担赔偿责任。

【依据】《劳动合同法》第 7、10、16、81、82 条；《劳动合同法实施条例》第 5、8 条。

（三）劳动合同的种类

按照合同的有效期限，可将劳动合同分为有固定期限的劳动合同、无固定期限的劳动合同以及以完成一定的工作为期限的劳动合同。

1. 有固定期限的劳动合同。也称定期劳动合同，是指劳动合同双方当事人明确约定合同有效的起始日期和终止日期的劳动合同，期限届满，合同即终止。

此类合同的期限一般为 1 年、3 年、5 年或者 8 年，双方当事人可根据具体工作的需要进行确定。但是，法律对此有例外规定，如为保护劳动者的身体健康，从事矿山井下以及在其他有害身体健康的工种、岗位工作的农民工，施行定期轮换制度，合同期限最长不超过 8 年。

2. 无固定期限的劳动合同。又称不定期劳动合同，是指劳动合同双方当事人只约定合同的起始日期，不约定终止日期的劳动合同。

用人单位与劳动者协商一致，可以订立无固定期限劳动合同。有下列情形之一，劳动者提出或者同意续订、订立劳动合同的，除劳动者提出订立固定期限劳动合同外，应当订立无固定期限劳动合同：

（1）劳动者在该用人单位连续工作满 10 年的；

（2）用人单位初次实行劳动合同制度或者国有企业改制重新订立劳动合同时，劳动者在该用人单位连续工作满 10 年且距法定退休年龄不足 10 年的；

（3）连续订立 2 次固定期限劳动合同，且劳动者没有出现依照《劳动合同法》规定可以解除劳动合同的情况，续订劳动合同的。

用人单位自用工之日起满 1 年不与劳动者订立书面劳动合同的，视为用人单位与劳动者已订立无固定期限劳动合同。

3. 以完成一定工作为期限的劳动合同，是指劳动合同双方当事人将完成某项工作或工程作为合同有效期限的劳动合同。它一般适用于建筑业、临时性、季节性的工作或由于其工作性质可以采取此种合同期限的工作岗位。

【依据】《劳动法》第 20 条；《劳动合同法》第 13～15、82 条；《劳动法意见》第 21 条；《劳动合同法实施条例》第 7、9～12 条。

☞ 重点提示

用人单位违反《劳动合同法》的规定不与劳动者订立无固定期限劳动合同的，自应当订立无固定期限劳动合同之日起向劳动者每月支付 2 倍的工资。

【依据】《劳动合同法》第 82 条。

（四）劳动合同订立的具体方式

劳动合同应当以书面形式订立。

具体的书面形式有多种样式，大概可以分为主件和附件。主件就是指劳动合同书；附件一般指作为劳动合同书补充内容的书面文件，如岗位协议书、专项劳动协议书、用人单位依法制定的内部劳动规则等。主件和附件都属于劳动合同的内容，对当事人都具有约束力，当事人必须遵守。

由于现实中很多用人单位找各种借口拒绝或拖延与劳动者签订合同，对这种情况，我国法律规定，用人单位与劳动者之间形成了事实劳动关系，而用人单位故意拖延不订立劳动合同，劳动行政部门应予以纠正。用人单位因此给劳动者造成损害的，应按《违反〈劳动法〉有关劳动合同规定的赔偿办法》（劳部发［1995］223号）（以下简称《劳动合同赔偿办法》）的规定进行赔偿。

所以，根据以上规定，一般情况下，劳动合同应该采用书面形式订立。但在同用人单位已经形成事实劳动关系的情形下，即使没有签订书面合同，同样可以寻求《劳动法》的保护；如果给劳动者造成了损失，用人单位还应该赔偿。

【依据】《劳动法》第 19 条；《劳动法意见》第 17 条。

☞ 重点提示

> 1. 虽然事实劳动关系也可寻求《劳动法》的保护，但为更好地维护自己的权益，外出务工人员切记要与用人单位签订书面劳动合同。
>
> 2. 用人单位没有在用工的同时订立书面劳动合同，与劳动者约定的劳动报酬不明确的，新招用的劳动者的劳动报酬按照集体合同规定的标准执行；没有集体合同或者集体合同未规定的，实行同工同酬。
>
> 3. 用人单位自用工之日起超过 1 个月不满 1 年没有与劳动者订立书面劳动合同的，应当向劳动者每月支付 2 倍的工资。

【依据】《劳动合同法》第 11、82 条；《劳动合同法实施条例》第 6、7 条。

（五）劳动合同签订的风险防范——用人单位在劳动合同订立过程中的义务

1. 如实告知义务。用人单位招用劳动者时，应当如实告知劳动者工作内容、工作条件、工作地点、职业危害、安全生产状况、劳动报酬，以及劳动者要求了解的其他情况。

2. 不得扣押劳动者证件等义务。用人单位招用劳动者，不得扣押劳动者的居民身份证和其他证件，不得要求劳动者提供担保或者以其他名义向劳动者收取财物。

用人单位违反《劳动合同法》的规定，扣押劳动者居民身份证等证件的，由劳动行政部门责令限期退还劳动者本人，并依照有关法律规定给予处罚。

用人单位违反《劳动合同法》的规定，以担保或者其他名义向劳动者收取财物的，由劳动行政部门责令限期退还劳动者本人，并以每人 500 元以上 2000 元以下的标准处以罚款；给劳动者造成损害的，应当承担赔偿责任。

劳动者依法解除或者终止劳动合同，用人单位扣押劳动者档案或者其他物品的，依照以上规定处罚。

【依据】《劳动合同法》第8、9、84条。

（六）试用期

1. 试用期的时间如下表：

合 同 期 限	试 用 期
3个月—1年	不得超过1个月
1—3年	不得超过2个月
3年以上固定期限和无固定期限的	不得超过6个月

同一用人单位与同一劳动者只能约定1次试用期。

以完成一定工作任务为期限的劳动合同或者劳动合同期限不满3个月的，不得约定试用期。

试用期包含在劳动合同期限内。劳动合同仅约定试用期的，试用期不成立，该期限为劳动合同期限。

2. 试用期的工资。劳动者在试用期的工资不得低于本单位相同岗位最低档工资或者劳动合同约定工资的80%，并不得低于用人单位所在地的最低工资标准。

3. 试用期间劳动合同的解除。在试用期中，除劳动者有《劳动合同法》第39条和第40条第1项、第2项规定的情形外（指用人单位可以解除劳动合同的情形），用人单位不得解除劳动合同。用人单位在试用期解除劳动合同的，应当向劳动者说明理由。

4. 法律责任。用人单位违反《劳动合同法》的规定与劳动者约定试用期的，由劳动行政部门责令改正；违法约定的试用期已经履行的，由用人单位以劳动者试用期满月工资为标准，按已经履行的超过法定试用期的期间向劳动者支付赔偿金。

【依据】《劳动合同法》第19~21、83条；《劳动合同法实施条例》第15条。

（七）培训及服务期

用人单位为劳动者提供专项培训费用，对其进行专业技术培训的，可以与该劳动者订立协议，约定服务期。

劳动者违反服务期约定的，应当按照约定向用人单位支付违约金。

违约金的数额不得超过用人单位提供的培训费用。用人单位要求劳动者支付的违约金不得超过服务期尚未履行部分所应分摊的培训费用。

用人单位与劳动者约定服务期的，不影响按照正常的工资调整机制提高劳动者在服务期间的劳动报酬。

【依据】《劳动合同法》第 22 条；《劳动合同法实施条例》第 16 条。

三、劳动合同的履行与变更

（一）劳动合同的履行

用人单位与劳动者应当按照劳动合同的约定，全面履行各自的义务。

1. 用人单位对合同的履行。用人单位应当按照劳动合同约定和国家规定，向劳动者及时足额支付劳动报酬。

用人单位拖欠或者未足额支付劳动报酬的，劳动者可以依法向当地人民法院申请支付令，人民法院应当依法发出支付令。

用人单位不得强迫或者变相强迫劳动者加班。用人单位安排加班的，应当按照国家有关规定向劳动者支付加班费。

支付令程序又称为督促程序，是指人民法院根据债权人提出的要求债务人给付一定金钱或者是有价证券的申请，向债务人发出附有条件的支付令，以催促债务人限期履行义务，若债务人在法定期限内不提出异议又不履行支付义务的，该支付命令具有执行力的一种程序。其为《民事诉讼法》规定的非诉讼程序，专门用于解决债权债务关系明确，但债务人却因各种原因不偿还债务的案件。

支付令具有直接的执行力，用人单位在收到支付令之日起 15 日内，既不提出书面异议也不支付所欠劳动报酬的，劳动者有权向受诉人民法院申请强制执行，这样有利于迅速、简捷地督促用人单位履行义务。要实现支付令的强制执行应当由劳动者主动提出申请，而不是由人民法院主动强制执行，而且一旦对方提出异议，还是要转入仲裁程序。

另外在实践中值得注意的是，工资与劳动报酬是两个不同的法律概念，不能将工资简单地等同于劳动报酬，关于两者的区别和联系参见本书后续章节关于工作时间、休息休假、工资和劳动争议部分的相关内容。

2. 劳动者对合同的履行。劳动者应按照劳动合同的内容全面履行自己的义务。

劳动者拒绝用人单位管理人员违章指挥、强令冒险作业的,不视为违反劳动合同。

劳动者对危害生命安全和身体健康的劳动条件,有权对用人单位提出批评、检举和控告。

实践中应注意关于违章行为及强令冒险作业的认定问题。认定"用人单位管理人员违章行为"关键在于明确具体的规章制度。一般认为,所谓规章制度不仅包括国家颁发的各种法律规范性文件,还包括用人单位及其上级管理机关制定的各种规章制度,包括工艺技术、生产操作、技术监督、劳动保护、安全管理等方面的规程、规则、章程、条例、办法和制度;认定"强令冒险作业"的关键在于用人单位管理人员强令行为是否利用职权实施的,但实践中也可能采用职权威胁以外的其他方法,如暴力或其他非暴力强行要求劳动者冒险作业。

以暴力、威胁或者非法限制人身自由的手段强迫劳动的;违章指挥或者强令冒险作业危及劳动者人身安全的;侮辱、体罚、殴打、非法搜查或者拘禁劳动者劳动的;劳动环境恶劣,环境污染严重,给劳动者身心健康造成严重损害的。用人单位只要具有以上情形之一且构成犯罪的,应当按照《刑法修正案(八)》追究刑事责任,其可能涉及的罪名主要有:

(1) 强迫职工劳动罪。《刑法》第 244 条规定:"以暴力、威胁或者限制人身自由的方法强迫他人劳动的,处 3 年以下有期徒刑或者拘役,并处罚金;情节严重的,处 3 年以上 10 年以下有期徒刑,并处罚金。""明知他人实施前款行为,为其招募、运送人员或者有其他协助强迫他人劳动行为的,依照前款的规定处罚。""单位犯前两款罪的,对单位判处罚金,并对其直接负责的主管人员和其他直接责任人员,依照第一款的规定处罚。"

(2) 重大责任事故罪。《刑法》第 134 条规定:"工厂、矿山、林场、建筑企业或者其他企业、事业单位的职工,由于不服管理,违反规章制度,或者强令工人违章冒险作业,因而发生重大伤亡事故,造成严重后果的,处 3 年以下有期徒刑或者拘役;情节特别恶劣的,处 3 年以上 7 年以下有期徒刑。"

(3) 故意伤害罪。用人单位体罚、殴打劳动者的,可以构成故意伤害罪。《刑法》第 234 条规定:"故意伤害他人身体的,处 3 年以下有期徒刑、拘役或者管制。犯前款罪,致人重伤的,处 3 年以上 10 年以下有期徒刑;致人死亡或者以特别残忍手段致人重伤造成严重残疾的,处 10 年以上有期徒刑、无期徒刑或者死刑。

本法另有规定的，依照规定。"

（4）侮辱罪。用人单位侮辱劳动者的，可以构成侮辱罪。《刑法》第 246 条规定："以暴力或者其他方法公然侮辱他人或者捏造事实诽谤他人，情节严重的，处 3 年以下有期徒刑、拘役、管制或者剥夺政治权利。前款罪，告诉的才处理，但是严重危害社会秩序和国家利益的除外。"

（5）非法搜查罪。《刑法》第 245 条规定："非法搜查他人身体、住宅，或者非法侵入他人住宅的，处 3 年以下有期徒刑或者拘役。司法工作人员滥用职权，犯前款罪的，从重处罚。"

（6）非法拘禁罪。《刑法》第 238 条规定："非法拘禁他人或者以其他方法非法剥夺他人人身自由的，处 3 年以下有期徒刑、拘役、管制或者剥夺政治权利。具有殴打、侮辱情节的，从重处罚。犯前款罪，致人重伤的，处 3 年以上 10 年以下有期徒刑；致人死亡的，处 10 年以上有期徒刑。使用暴力致人伤残、死亡的，依照本法第 234 条、第 232 条的规定定罪处罚。为索取债务非法扣押、拘禁他人的，依照前两款的规定处罚。"

（7）拒绝支付劳动报酬罪。《刑法》第 276 条规定："以转移财产、逃匿等方法逃避支付劳动者的劳动报酬或者有能力支付而不支付劳动者的劳动报酬，数额较大，经政府有关部门责令支付仍不支付的，处 3 年以下有期徒刑或者拘役，并处或者单处罚金；造成严重后果的，处 3 年以上 7 年以下有期徒刑，并处罚金。""单位犯前款罪的，对单位判处罚金，并对其直接负责的主管人员和其他直接责任人员，依照前款的规定处罚。""有前两款行为，尚未造成严重后果，在提起公诉前支付劳动者的劳动报酬，并依法承担相应赔偿责任的，可以减轻或者免除处罚。"

用人单位实施上述行为不构成犯罪的，有违反治安管理行为的，根据《治安管理处罚法》第 40 条之规定，由公安机关处以 15 日以下拘留、罚款或者警告。

另外需要注意的是，用人单位有上述情形，给劳动者造成损害的，用人单位还应当承担民事赔偿责任，赔偿范围包括劳动者相应的医药费、误工费、营养费等。

3. 用人单位发生变化时的合同履行。用人单位变更名称、法定代表人、主要负责人或者投资人等事项，不影响劳动合同的履行。

用人单位发生合并或者分立等情况，原劳动合同继续有效，劳动合同由承继其权利和义务的用人单位继续履行。

所谓"合并"是指两个或者两个以上的用人单位依照法律规定的程序，组成一个新用人单位的法律行为。合并有两种方式：一是新设合并，是指两个或两个以上的用人单位联合组成一个新的用人单位，所有被合并的用人单位均消灭。二是吸收合并，是指一个用人单位被其他用人单位吸收置于其中，被吸收的用人单位消灭。所谓"分立"是指一个用人单位分为两个或者两个以上的用人单位。用人单位的分立有两种形式：一是新设分立，即原用人单位分成两个或两个以上新用人单位。二是派生分立，即把一个用人单位分出一部分或若干部分，原用人单位仍然存在，分出的部分依法成为新用人单位。

【依据】《劳动合同法》第 **29~34** 条。

（二）劳动合同的变更

用人单位与劳动者协商一致，可以变更劳动合同约定的内容。变更劳动合同，应当采用书面形式。

变更后的劳动合同文本由用人单位和劳动者各执一份。

【依据】《劳动合同法》第 **35** 条。

四、集体合同、劳务派遣及非全日制用工

（一）集体合同的签订

企业职工一方与用人单位通过平等协商，可以就劳动报酬、工作时间、休息休假、劳动安全卫生、保险福利等事项订立集体合同。程序如下：

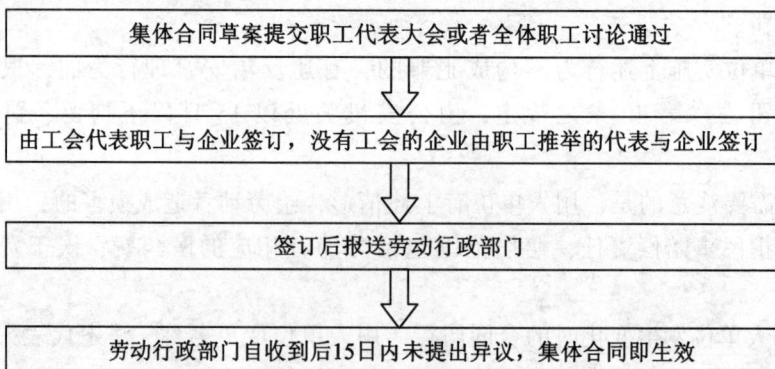

```
┌─────────────────────────────────────────────────────┐
│  集体合同草案提交职工代表大会或者全体职工讨论通过          │
└─────────────────────────────────────────────────────┘
                          ↓
┌─────────────────────────────────────────────────────┐
│  由工会代表职工与企业签订，没有工会的企业由职工推举的代表与企业签订  │
└─────────────────────────────────────────────────────┘
                          ↓
┌─────────────────────────────────────────────────────┐
│              签订后报送劳动行政部门                      │
└─────────────────────────────────────────────────────┘
                          ↓
┌─────────────────────────────────────────────────────┐
│  劳动行政部门自收到后15日内未提出异议，集体合同即生效       │
└─────────────────────────────────────────────────────┘
```

【依据】《劳动法》第 **33~35** 条；《劳动合同法》第 **51~56** 条。

☞ **重点提示**

1. 依法签订的集体合同对企业和企业全体职工具有约束力。

2. 职工个人与企业订立的劳动合同中劳动条件和劳动报酬等标准不得低于集体合同的规定。

3. 用人单位违反集体合同，侵犯职工劳动权益的，工会可以依法要求用人单位承担责任；因履行集体合同发生争议，经协商解决不成的，工会可以依法申请仲裁、提起诉讼。

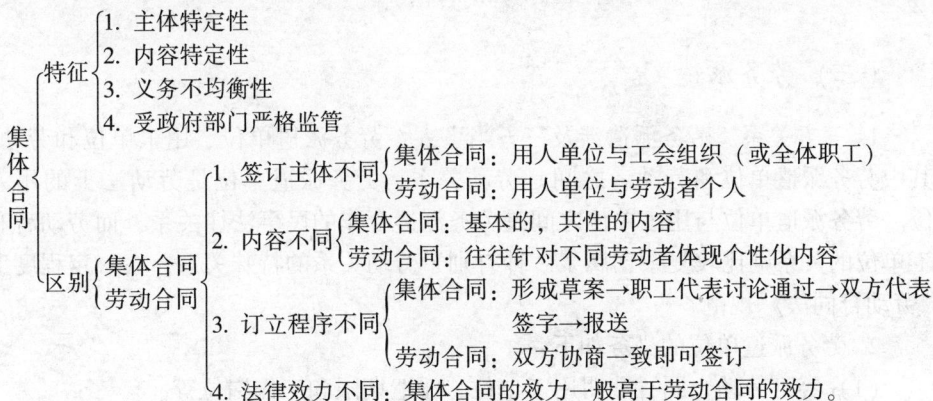

集体合同
- 特征
  1. 主体特定性
  2. 内容特定性
  3. 义务不均衡性
  4. 受政府部门严格监管
- 区别 集体合同 劳动合同
  1. 签订主体不同
     - 集体合同：用人单位与工会组织（或全体职工）
     - 劳动合同：用人单位与劳动者个人
  2. 内容不同
     - 集体合同：基本的，共性的内容
     - 劳动合同：往往针对不同劳动者体现个性化内容
  3. 订立程序不同
     - 集体合同：形成草案→职工代表讨论通过→双方代表签字→报送
     - 劳动合同：双方协商一致即可签订
  4. 法律效力不同：集体合同的效力一般高于劳动合同的效力。

（二）非全日制用工

非全日制用工，是指以小时计酬为主，劳动者在同一用人单位一般平均每日工作时间不超过 4 小时，每周工作时间累计不超过 24 小时的用工形式。

非全日制用工双方当事人可以订立口头协议。

从事非全日制用工的劳动者可以与一个或者一个以上用人单位订立劳动合同；但是，后订立的劳动合同不得影响先订立劳动合同的履行。

非全日制用工双方当事人不得约定试用期。

非全日制用工双方当事人任何一方都可以随时通知对方终止用工。终止用工，用人单位无须向劳动者支付经济补偿。

非全日制用工小时计酬标准不得低于用人单位所在地人民政府规定的最低小时工资标准。

非全日制用工劳动报酬结算支付周期最长不得超过 15 日。

【依据】《劳动合同法》第 68~72 条。

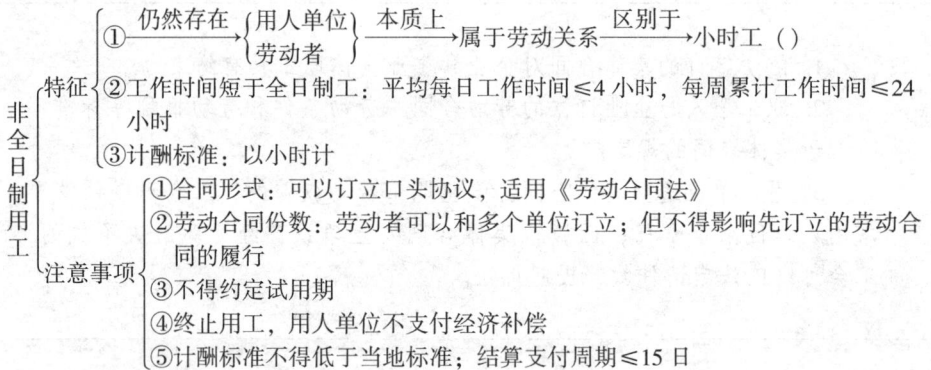

非全日制用工
- 特征
  - ① 仍然存在 → 用人单位 / 劳动者 → 本质上 → 属于劳动关系 → 区别于 → 小时工（ ）
  - ② 工作时间短于全日制工：平均每日工作时间 ≤4 小时，每周累计工作时间 ≤24 小时
  - ③ 计酬标准：以小时计
- 注意事项
  - ① 合同形式：可以订立口头协议，适用《劳动合同法》
  - ② 劳动合同份数：劳动者可以和多个单位订立；但不得影响先订立的劳动合同的履行
  - ③ 不得约定试用期
  - ④ 终止用工，用人单位不支付经济补偿
  - ⑤ 计酬标准不得低于当地标准；结算支付周期 ≤15 日

（三）劳务派遣

1. 三方关系。劳务派遣涉及三方当事人：劳务派遣单位、用工单位和劳动者。其中劳务派遣单位和劳动者之间是劳动关系，劳务派遣单位是劳动法上的用人单位。劳务派遣单位与用工单位之间是劳务派遣合作的民事法律关系，而劳动者和用工单位的关系则比较复杂，属于一种有别于劳动关系的特殊关系，在一定程度上受《劳动合同法》规范。

2. 劳务派遣单位的义务如下：

（1）签订劳动合同，载明用工单位、派遣期限和工作岗位等。

（2）合同期限在 2 年以上，按月支付报酬，劳动者无工作期间，按当地最低工资标准按月支付报酬。

（3）将劳务派遣协议的内容告知劳动者。

（4）不得向劳动者收取费用。

（5）不得向本单位或所属单位派遣。

【依据】《劳动合同法》第 58、60、67 条；《劳动合同法实施条例》第 30~32 条。

3. 用工单位的义务如下：

（1）执行国家劳动标准，提供相应的劳动条件和劳动保护。

（2）告知被派遣劳动者的工作要求和劳动报酬。

（3）支付加班费、绩效奖金，提供与工作岗位相关的福利待遇。

（4）对在岗被派遣劳动者进行工作岗位必需的培训。

（5）连续用工的，实行正常的工资调整机制。

（6）用工单位不得将被派遣劳动者再派遣到其他用人单位。

【依据】《劳动合同法》第 62 条；《劳动合同法实施条例》第 28~29 条。

4. 劳动者的权利：同工同酬的权利，组织工会的权利。

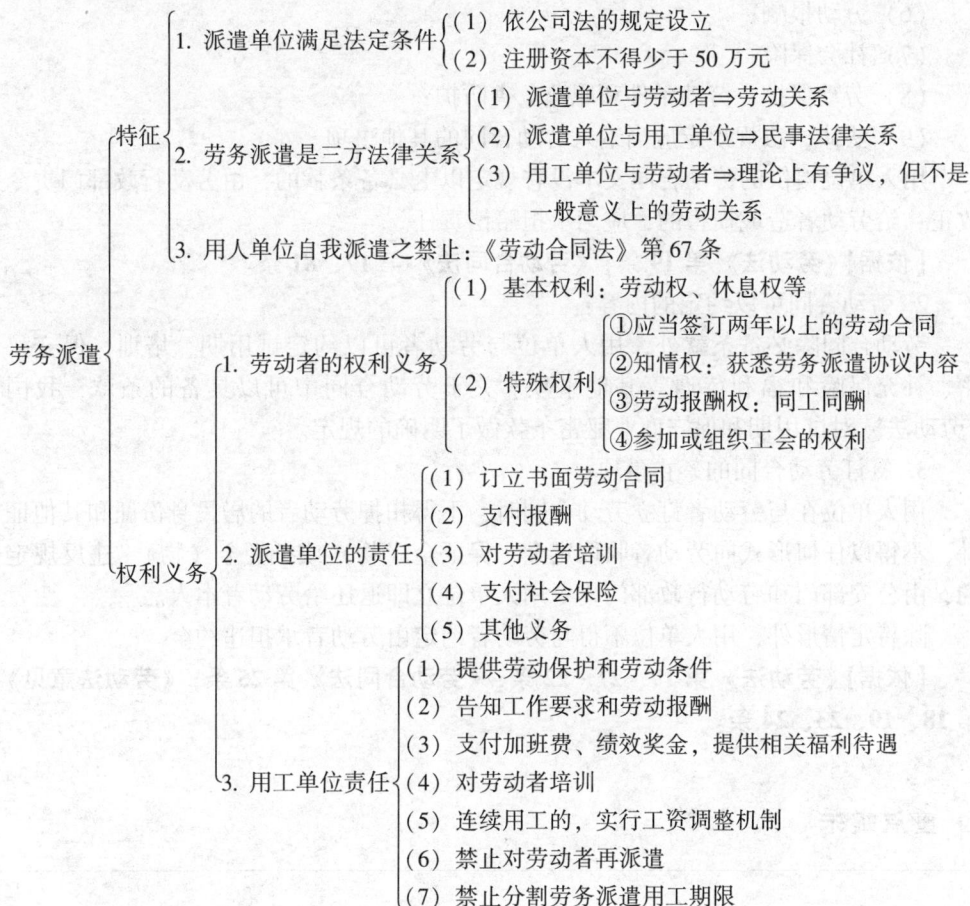

劳务派遣
- 特征
  - 1. 派遣单位满足法定条件
    - （1）依公司法的规定设立
    - （2）注册资本不得少于 50 万元
  - 2. 劳务派遣是三方法律关系
    - （1）派遣单位与劳动者⇒劳动关系
    - （2）派遣单位与用工单位⇒民事法律关系
    - （3）用工单位与劳动者⇒理论上有争议，但不是一般意义上的劳动关系
  - 3. 用人单位自我派遣之禁止：《劳动合同法》第 67 条
- 权利义务
  - 1. 劳动者的权利义务
    - （1）基本权利：劳动权、休息权等
    - （2）特殊权利
      - ①应当签订两年以上的劳动合同
      - ②知情权：获悉劳务派遣协议内容
      - ③劳动报酬权：同工同酬
      - ④参加或组织工会的权利
  - 2. 派遣单位的责任
    - （1）订立书面劳动合同
    - （2）支付报酬
    - （3）对劳动者培训
    - （4）支付社会保险
    - （5）其他义务
  - 3. 用工单位责任
    - （1）提供劳动保护和劳动条件
    - （2）告知工作要求和劳动报酬
    - （3）支付加班费、绩效奖金，提供相关福利待遇
    - （4）对劳动者培训
    - （5）连续用工的，实行工资调整机制
    - （6）禁止对劳动者再派遣
    - （7）禁止分割劳务派遣用工期限

五、劳动合同的内容

（一）劳动合同的内容

根据《劳动法》的规定，可以把劳动合同的条款分为必须具备的条款、可以具备的条款和禁止约定的条款三种。

1. 劳动合同必须具备的内容：

（1）用人单位的名称、住所和法定代表人或者主要负责人；

(2) 劳动者的姓名、住址和居民身份证或者其他有效身份证件号码;

(3) 劳动合同期限;

(4) 工作内容和工作地点;

(5) 工作时间和休息休假;

(6) 劳动报酬;

(7) 社会保险;

(8) 劳动保护、劳动条件和职业危害防护;

(9) 法律、法规规定应当纳入劳动合同的其他事项。

用人单位提供的劳动合同文本没有规定以上必备条款的,由劳动行政部门责令改正;给劳动者造成损害的,应当承担赔偿责任。

【依据】《劳动法》第 19 条;《劳动合同法》第 17、81 条。

2. 劳动合同可以约定的内容:

劳动合同除必备条款外,用人单位与劳动者可以约定试用期、培训、保守秘密、补充保险和福利待遇等其他事项。关于劳动合同中可以具备的条款,我国《劳动法》对试用期和保守商业秘密条款做了明确的规定。

3. 签订劳动合同的禁止事项:

用人单位在与劳动者订立劳动合同时,不得扣押劳动者的居民身份证和其他证件,不得以任何形式向劳动者收取定金、保证金(物)或抵押金(物)。违反规定的,由公安部门和劳动行政部门责令用人单位立即退还给劳动者本人。

除特定情形外,用人单位不得与劳动者约定由劳动者承担违约金。

【依据】《劳动法》第 19、21、22 条;《劳动合同法》第 25 条;《劳动法意见》第 18、19、23、24 条。

☞ **重点提示**

> 1. 尤其要注意签订劳动合同的禁止事项。用人单位无权要求劳动者缴纳定金或保证金等,也无权扣压劳动者的证件。
>
> 2. 劳动合同中如果有一些条款违反了法律的规定,则这些条款是无效的,并不一定会导致整个合同的无效。

(二)保密义务和竞业限制

用人单位与劳动者可以在劳动合同中约定保守用人单位的商业秘密和与知识产

权相关的保密事项。

对负有保密义务的劳动者，用人单位可以在劳动合同或者保密协议中与劳动者约定竞业限制条款，并约定在解除或者终止劳动合同后，在竞业限制期限内按月给予劳动者经济补偿。

竞业限制的人员限于用人单位的高级管理人员、高级技术人员和其他负有保密义务的人员。竞业限制的范围、地域、期限由用人单位与劳动者约定，竞业限制的约定不得违反法律、法规的规定。

在解除或者终止劳动合同后，以上规定的人员到与本单位生产或者经营同类产品、从事同类业务的有竞争关系的其他用人单位，或者自己开业生产或者经营同类产品、从事同类业务的竞业限制期限，不得超过 2 年。

劳动者违反竞业限制约定的，应当按照约定向用人单位支付违约金。给用人单位造成损失的，应当承担赔偿责任。

【依据】《劳动合同法》第 23、24、90 条。

（三）违约金

《劳动合同法》对违约金作出了严格限制，除上述涉及服务期、保密义务及竞业限制的情况下可以对违约金作出约定外，用人单位不得与劳动者约定由劳动者承担违约金。

【依据】《劳动合同法》第 25 条。

（四）现实中常见的几种无效的劳动合同条款

1. "死伤概不负责"或者"伤亡概由本人负责"条款。

现实中，许多企业与劳动者签订合同，约定对工伤致残、疾病、死亡等概不负责，或者只发给短时间的生活费。对于这类条款，最高人民法院明确批复，其不符合宪法和有关法律，也违反社会主义公德，为无效条款。

【依据】1988 年《最高人民法院关于雇工合同应当严格执行劳动保护法规问题的批复》。

2. "不能结婚"、"不能怀孕"条款。

婚姻自由和生育权利是我国宪法规定的公民的基本权利，男女双方只要符合法律规定的条件，且完全自愿，就有权结婚，任何组织和个人都不得干预。与此同时公民也有生育的权利。劳动合同中的"不能结婚"等条款明显违反了法律的强制性规定，是无效的。

【依据】《婚姻法》第 5 条；《人口与计划生育法》第 17 条；《劳动法》第 18 条。

（五）劳动合同无效的具体情形

1. 以欺诈、胁迫的手段或者乘人之危，使对方在违背真实意思的情况下订立或者变更劳动合同的；
2. 用人单位免除自己的法定责任、排除劳动者权利的；
3. 违反法律、行政法规强制性规定的。

对劳动合同的无效或者部分无效有争议的，由劳动争议仲裁机构或者人民法院确认。

【依据】《劳动合同法》第 26 条。

（六）劳动合同无效时的处理

劳动合同部分无效，不影响其他部分效力的，其他部分仍然有效。

劳动合同被确认无效，劳动者已付出劳动的，用人单位应当向劳动者支付劳动报酬。劳动报酬的数额，参照本单位相同或者相近岗位劳动者的劳动报酬确定。

劳动合同因对方过错导致无效的，无过错方有权解除该劳动合同。

无效劳动合同不仅没有法律效力，造成劳动合同无效的当事人还应承担相应的法律责任。劳动合同被确认无效，给对方造成损害的，有过错的一方应当承担赔偿责任。

【依据】《劳动法》第 97 条；《劳动合同法》第 27、28、38、39、86 条；《劳动合同赔偿办法》第 2、3 条。

（七）劳动合同书范本

劳 动 合 同

合同编号：_____

甲方（聘用单位）全称：_____

法定地址：_____

邮政编码：_____

法人代表姓名：_____

职务：_____

委托代理人姓名：_____

职务：_____

乙方（劳动者）：_____

文化程度：_____

性别：_____

出生日期：_____年____月____日

居民身份证号码：_____

邮政编码：_____

家庭住址：_____

所属街道办事处：_____

甲方_____与乙方_____为建立劳动关系，明确权利义务，依据《中华人民共和国劳动法》及有关法律、法规、规章，在平等自愿、协商一致的基础上，订立本合同。

第一条　合同期限

经双方协商，选定以下第_____种作为本合同的期限：

1. 有固定期限。本合同期限为_____年，自_____年____月____日起至_____年____月____日止。其中，试用期_____个月，自_____年____月____日起至_____年____月____日止；学徒期_____个月，自_____年____月____日起至_____年____月____日止。

2. 无固定期限，自_____年____月____日起到终止劳动合同条件出现时止。其中，试用期_____个月，自_____年____月____日起至_____年____月____日止；学徒期_____个月，自_____年____月____日起至_____年____月____日止。终止劳动合同的条件为：_____

3. 以完成一定的工作为期限。具体工作为：_____

第二条　工作内容

1. 甲方根据生产（工作）需要，安排乙方在_____生产（工作）岗位，并为乙方提供必要的生产（工作）条件。

2. 乙方应服从甲方所安排的工种、岗位，按照甲方关于本岗位生产（工作）任务和责任制要求完成规定的数量、质量指标和生产（工作）任务。

3. 乙方的生产（工作）任务为：_____。

4. 甲方根据生产（工作）需要，经双方协商同意，可以调换乙方的工种或岗位。

第三条　工作时间

1. 甲方安排乙方执行_____工作制。但甲方必须遵守以下方面：

执行定时工作制的，甲方安排乙方每日工作时间不超过八小时，平均每周不超过四十四小时。甲方保证乙方每周至少休息一日，甲方由于工作需要，经与工会和乙方协商后可以延长工作时间，一般每日不得超过一小时，因特殊原因需要延长工作时间的，在保障乙方身体健康的条件下延长工作时间每日不得超过三小时，每月不得超过三十六小时。

执行综合计算工时工作制的，平均日和平均周工作时间不超过法定标准工作时间。执行不定时工作制的，在保证完成甲方工作任务的情况下，工作和休息休假乙方自行安排。甲方安排乙方加班的，应安排乙方同等时间补休或依法支付加班工资；加点的，甲方应支付加点工资。

2. 有下列情形之一的，延长工作时间不受上述限制：

（1）发生自然灾害、事故或者因其他原因，威胁劳动者生命健康和财产安全，需要紧急处理的；

（2）生产设备、交通运输线路、公共设施发生故障，影响生产和公众利益，必须及时抢修的；

（3）法律、行政法规规定的其他情形。

3. 休假规定

（1）甲方应按国家规定保证乙方的休息权利。

（2）甲方在下列节日期间应当依法安排劳动者休假：元旦；春节；国际劳动节；国庆节；法律、法规规定的其他休假节日。

（3）乙方连续工作一年以上的，享受国家规定的带薪年休假。

第四条　劳动保护

1. 甲方应严格执行国家和地方有关劳动保护的法律、法规和规章，为乙方提供必要的劳动条件和劳动工具，建立健全生产工艺流程，制定操作规程、工作规范和劳动安全卫生制度及其标准。

2. 甲方必须建立健全劳动安全卫生制度、操作规程、工作规范。

3. 甲方必须对乙方提供符合国家规定的劳动安全卫生条件和必要的劳动防护用品。

4. 对乙方从事接触职业病危害的作业的，甲方应按国家有关规定组织上岗前和离岗时的职业健康检查，在合同期内每_____年对乙方进行职业健康检查。

5. 甲方必须根据国家有关规定对女职工和未成年工实行特殊保护。

6. 乙方在生产（工作）过程中，必须严格遵守安全操作规程，在甲方管理人员违章指挥、强令冒险作业时有权拒绝执行。

7. 甲方安排乙方从事特种作业的，必须按国家规定对乙方进行专门培训并取得特种作业资格，或者乙方已经过专门培训取得特种作业资格。

8. 甲方禁止安排女职工从事矿山井下、国家规定的第四级体力劳动强度的劳动和其他禁忌从事的劳动。

9. 甲方不得安排女职工在经期从事高处、低温、冷水作业和国家规定的第三级体力劳动强度的劳动。不得安排女职工在怀孕期间从事国家规定的第三级体力劳动强度的劳动和孕期禁忌从事的劳动。对怀孕七个月以上的女职工，不得安排其延长工作时间和夜班劳动。

10. 甲方不得安排女职工在哺乳未满一周岁的婴儿期间从事国家规定的第三级体力劳动强度的劳动和哺乳期禁忌从事的其他劳动，不得安排其延长工作时间和夜班劳动。不得安排未成年工从事矿山井下、有毒有害、国家规定的第四级体力劳动强度的劳动和其他禁忌从事的劳动。

第五条　劳动报酬

1. 甲方的工资分配应遵循按劳分配原则。

2. 甲方承诺每月_____日为发薪日。乙方在试用期内的工资为每月_____元。

3. 经甲乙双方协商一致，对乙方的工资报酬选择确定以下第_____种：

（1）乙方的工资报酬按照甲方依法制定的规章制度中的内部工资分配办法确定，根据乙方的工作岗位确定其每月工资为_____元。

（2）甲方对乙方实行基本工资和绩效工资相结合的内部工资分配办法，乙方的基本工资确定为每月_____元，以后根据内部工资分配办法调整其工资；绩效工资根据乙方的工作业绩、劳动成果和实际贡献按照内部分配办法考核确定。

（3）甲方实行计件工资制，确定乙方的劳动定额应当是本单位同岗位百分之九十以上劳动者在法定工作时间内能够完成的，乙方在法定工作时间内按质完成甲方定额，甲方应当按时足额支付乙方的工资报酬。

（4）_____。

4. 由于甲方生产任务不足，使乙方下岗待工的，甲方保证乙方的月生活费不低于_____元。

5. 有下列情形之一的，甲方应当按照下列标准支付高于乙方正常工作时间工资的工资报酬：

（1）安排劳动者延长工作时间的，支付不低于工资的百分之一百五十的工资报酬；

（2）休息日安排劳动者工作又不能安排补休的，支付不低于工资的百分之二百的工资报酬；

（3）法定休假日安排劳动者工作的，支付不低于工资的百分之三百的工资报酬。

6. 乙方事假期间，甲方扣除工资的标准为_____。

7. 乙方依法享有带薪假期（婚假、丧假、年休假、探亲假）期间的工资，按乙方的_____工资支付。

第六条 保险与福利

1. 甲乙双方必须依法参加社会保险，甲方按所在地规定的一定比例按月为乙方缴纳养老、医疗、工伤、失业、生育保险费，乙方个人负担的部分，由甲方代乙方在其工资中扣缴，具体缴纳办法及标准为：_____。甲方应当将为乙方缴纳各项社会保险费的情况公示，乙方有权向甲方查询其各项社会保险的缴费情况，甲方应当提供帮助。

2. 乙方离退休，由社会保险机构按规定每月发给离退休金。失业后按规定享受失业期间的有关待遇。

3. 乙方在甲方工作期间，患病、负伤、因工伤残或者患职业病以及生育，其有关保险福利待遇，按国家和省现行规定执行。如乙方发生工伤事故，甲方应负责及时救治，并在规定时间内，向劳动保障行政部门提出工伤认定申请，为乙方依法办理劳动能力鉴定，并为享受工伤医疗待遇履行必要的义务。

4. 乙方其他保险福利待遇，按国家以及本省有关规定执行。

第七条 劳动纪律与规章

1. 甲方依法制定的各项规章制度应向乙方公示。

2. 乙方应严格遵守甲方制定的规章制度、完成劳动任务，提高职业技能，执行劳动安全卫生规程，遵守劳动纪律和职业道德。

3. 乙方违反劳动纪律，甲方可依据本单位规章制度，给予相应的行政处理、行政处分、经济处罚等，直至解除本合同。

第八条 教育和培训

1. 甲方应对乙方进行各种必要的政治、思想品德教育和职业技术及上岗前培训。

2. 乙方应刻苦钻研业务，达到国家规定的职业技能标准或技术等级标准，持证上岗。

3. 甲方出资培训乙方后，乙方须为甲方服务_____年，否则乙方应支付甲方培训费_____元。

第九条 甲方的权利义务

(一) 甲方的权利

1. 按照岗位责任组织生产，检查考核乙方完成生产（工作）任务情况；

2. 按照国家法律、法规和本单位有关规定，决定对乙方劳动报酬的分配形式，并对乙方实施奖励或处分；

3. 根据生产（工作）或调整劳动组织的需要，在征得乙方同意后变更乙方生产（工作）岗位；

4. 当乙方不履行本合同时，有权依法向劳动争议仲裁委员会提起申诉；

5. 双方约定的其他权利：_____

（二）甲方的义务

1. 按照有关劳动安全、劳动保护、职业安全卫生的规定，向乙方提供必需的生产（工作）条件；

2. 创造条件提高乙方的政治思想素质和业务技术水平；

3. 根据有关规定及本合同有关条款，按时支付乙方劳动报酬并提供保险福利待遇；

4. 向乙方提供符合国家规定的劳动安全卫生条件和必要的劳动防护用品；

5. 双方约定的其他义务：＿＿＿＿＿＿

第十条　乙方的权利义务

（一）乙方的权利

1. 享有参加业务（技术）学习（培训）、参加工会、参与民主管理和提出合理化建议、评选和被评选为先进职工（生产者）等权利；

2. 按照规定领取劳动报酬和享受社会保险福利待遇；

3. 享有休息、休假与获得劳动安全卫生保护的权利。对违章指挥、强令冒险作业，有权拒绝执行；

4. 按照有关规定及本合同的有关条款，可以解除劳动合同；

5. 甲方不履行本合同时，乙方有权依法向劳动争议仲裁委员会提起申诉；

（二）乙方的义务

1. 服从甲方的生产组织管理，尽职尽责，努力完成生产（工作）任务；

2. 遵守国家法律、法规和社会公德，保守国家秘密、甲方商业秘密，爱护甲方财物；

3. 遵守厂纪厂规和劳动纪律，执行生产操作规程和劳动安全卫生规程，讲究职业道德；

4. 努力学习政治文化知识，刻苦钻研技术，不断提高专业技术水平，积极参加必要的社会活动；从事技术工种或岗位的，上岗前必须接受培训；

5. 双方约定的其他义务：＿＿＿＿＿＿

第十一条　合同的变更

1. 本合同履行期间，发生特殊情况时，甲、乙任何一方需变更本合同的，要求变更一方应及时通知对方，征得对方同意后，双方在规定的时限内（通知发出＿＿天内）签订书面变更协议，该协议将成为合同不可分割的部分。未经双方签署书面文件，任何一方无权变更本合同，否则，由此造成对方的经济损失，由责任方承担。

2. 下列情况下，甲乙双方可以变更本合同的相关内容：

（1）甲方转产或调整生产任务的；

（2）甲乙双方协商同意，并且不损害国家和集体利益的；

（3）由于不可抗拒力致使本合同无法履行的；

（4）双方约定的其他情况：_____

第十二条　甲方对合同的解除

（一）有下列情形之一，甲方可以解除本合同，但应提前三十日以书面形式通知乙方。

1. 在试用期间，乙方被证明不符合录用条件的；录用条件为：

（1）_____

（2）_____

（3）_____

2. 乙方严重违反劳动纪律、甲方规章制度或不履行劳动合同的；

3. 乙方严重失职、营私舞弊，对甲方利益造成重大损害的；

4. 乙方泄露甲方商业秘密的；

5. 乙方被依法追究刑事责任或劳动教养的。

6. 乙方患病或者非因工负伤，医疗期满后不能从事原工作，也不能从事由甲方另行安排的工作的；

7. 甲方濒临破产进行法定整顿期间或者生产经营发生严重困难（地方政府规定的困难企业标准），经向工会或者全体职工说明情况，听取工会或者职工的意见，并向劳动保障行政部门报告后，可以解除本合同。

8. 双方约定的其他情况：_____。

依照第6、7项解除劳动合同时，甲方还应向乙方支付经济补偿金。

（二）乙方有下列情形之一，甲方不得终止、解除本合同：

1. 患职业病或因工负伤达到国家规定不得终止、解除劳动合同等级的；

2. 患病或非因工负伤，在规定的医疗期内的；

3. 女职工在孕期、产期、哺乳期内的；

4. 乙方在享受法定休假、探亲假期间的；

5. 复员退伍义务兵和建设征地农转工人员初次参加工作未满三年的；

6. 义务服兵役期间的；

7. 担任集体协商代表在履行代表职责的；

8. 符合法律法规、规定其他情况的；

9. 双方约定的其他情况：_____

第十三条　乙方对合同的解除

（一）乙方可以要求解除劳动合同，应当提前30日以书面形式通知甲方。

（二）在下列情况下，乙方可以随时解除本劳动合同，甲方应当支付乙方相应的劳动报酬并依法缴纳社会保险：

1. 在试用期内的；

2. 甲方以暴力、威胁或者非法限制人身自由的手段强迫劳动的；

3. 甲方不按国家、省和本合同约定支付劳动报酬或者保险福利待遇的；

4. 甲方劳动安全、卫生条件恶劣，严重危害劳动者身体健康的；

5. 甲方有侵害乙方合法权益行为的；

6. 经甲方同意，乙方自费离职学习和培训的；

7. 乙方参军、入学或出境定居的；

8. 双方约定的其他情况：_____

（三）在下列情况下，乙方不得解除劳动合同：

1. 由甲方出资培训（包括送大、中专院校或技工学校学习），培训后为甲方服务期未满的；

2. 属于技术骨干，承担某项重点工程的建设、改造任务或科研项目而任务未结束的；

3. 双方约定的其他情况：_____

第十四条　合同续订

1. 劳动合同期满或甲乙双方约定的劳动合同终止条件出现，劳动合同即终止执行。如双方同意续订，应提前 30 日办理续订手续。逾期不办理的，则本合同视为自动续订，并应补办续订手续。

2. 甲方补签或续订劳动合同，双方就合同期限协商不一致时，补签或续订的合同期限应从签字之日起不得少于_____月。乙方符合续订无固定期限劳动合同条件的，甲方应与其签订无固定期限劳动合同。

第十五条　甲方对乙方的补偿与赔偿

（一）甲方违反劳动合同的，应按下列标准支付乙方经济补偿金：

1. 甲方克扣或者无故拖欠乙方工资的，以及拒不支付乙方延长工作时间工资报酬的，除在规定的时间内全额支付乙方工资报酬外，还需加发相当于工资报酬 25% 的经济补偿金。

2. 甲方支付乙方的工资报酬低于当地最低工资标准的，要在补足低于标准部分的同时，另外支付相当于低于部分 25% 的经济补偿金。

（二）下列情形之一，甲方应根据乙方在甲方工作年限，每满一年发给相当于乙方解除本合同前十二个月平均工资一个月的经济补偿金，最多不超过十二个月：

1. 经与乙方协商一致，甲方解除本合同的；

2. 乙方不能胜任工作，经过培训或者调整工作岗位，仍不能胜任工作，由甲方解除本合同的。

（三）下列情形之一，甲方应根据乙方在甲方工作年限，每满一年发给相当于本单位上年月平均工资一个月的经济补偿金：

1. 乙方患病或者非因工负伤，经劳动鉴定委员会确认不能从事原工作，也不

能从事由甲方另行安排的工作而解除本合同的;

2. 劳动合同订立时所依据的客观情况发生重大变化,致使本合同无法履行,经当事人协商不能就变更劳动合同达成协议,由甲方解除劳动合同的;

3. 甲方濒临破产进行法定整顿期间或者生产经营状况发生严重困难,必须裁减人员的。

以上三种情况,如果乙方被解除本合同前十二个月的月平均工资高于本单位上年月平均工资的,按本人月平均工资计发。

(四) 甲方发生故意拖延不与乙方续订劳动合同、与乙方订立无效劳动合同、违反规定或本合同约定侵害乙方合法权益以及解除劳动合同等情形之一的,给乙方造成损害,甲方应按下列规定赔偿乙方损失:

1. 造成乙方工资收入损失的,按乙方应得工资收入支付给乙方,并加付应得工资收入25%的赔偿费用;

2. 造成乙方劳动保护待遇损失的,应按国家规定补足乙方的劳动保护津贴和用品。

3. 造成乙方工伤、医疗待遇损失的,除按国家规定为乙方提供工伤、医疗待遇外,还应支付乙方相当于医疗费用25%的赔偿费用;

4. 乙方为女职工或未成年工,造成其身体健康损害的,除按国家规定提供治疗期间的医疗待遇外,还应支付相当于其医疗费用25%的赔偿费用;

(五) 支付乙方经济补偿时,乙方在甲方工作时间不满一年的按一年的标准发给经济补偿金。甲方解除本合同后,未按规定给予乙方经济补偿的,除全额发给经济补偿金外,还须按该经济补偿金数额的百分之五十支付额外经济补偿金。

第十六条 乙方对甲方的赔偿

(一) 乙方违反规定或本合同的约定解除劳动合同,对甲方造成损失的,乙方应赔偿甲方下列损失:

1. 甲方为其支付的培训费和招收录用费;

2. 对生产、经营和工作造成的直接经济损失;

3. 本合同约定的其他赔偿费用。

(二) 乙方违反本合同约定的条件解除劳动合同或违反本合同约定的保守商业秘密事项,对甲方造成经济损失的,应按损失的程度依法承担赔偿责任。

第十七条 违约责任

1. 由于甲乙双方任何一方的过错造成合同不能履行或者不能完全履行,由有过错的一方承担法律责任;如属双方过错,根据实际情况,由双方分别承担法律责任。

2. 甲方未征得乙方同意强制乙方加班加点的,除支付加班工资外,还须付给乙方两倍于加班工资的违约金。乙方已同意加班但又临时拒绝的，须按预定加班时数付给相当于两倍加班工资的违约金予甲方。

3. 甲方如不按本合同规定的时间和金额支付乙方工资，除付清所欠工资外，须按日支付乙方相当于所欠款额1%的违约金。

4. 在合同期内，甲方非法单方面解除合同或乙方因甲方过错而解除合同，甲方应按乙方在本企业服务年限长短支付违约金，数额为：解除合同当年乙方月平均工资总额的两倍乘服务年限（不足一年的按一年计）。

5. 乙方非法单方面解除合同，须付给甲方违约金，数额为解除合同当年乙方月平均工资总额的两倍乘合同期未满年限（不足一年的按一年计）。

6. 甲、乙任何一方违反本合同，给对方造成严重损失的，除承担经济责任外，还应负相应的法律责任。

第十八条 劳动争议处理

1. 甲乙双方执行合同发生争议，当事人应当协商解决，不愿协商或者协商不成的，可以向本企业劳动争议调解委员会申请调解，调解不成的，可以向企业所在地劳动争议仲裁委员会申请仲裁。对仲裁裁决不服的，可自接到裁决书之日起15日内向人民法院起诉。

2. 甲乙双方也可以直接向劳动争议仲裁委员会申请仲裁。提出仲裁要求的一方应当自劳动争议发生之日起六十日内向劳动争议仲裁委员会提出书面申请。对仲裁裁决不服的，可以自收到仲裁裁决书之日起十五日内向人民法院提起诉讼。

3. 甲方违反劳动法律、法规和规章，损害乙方合法权益的，乙方有权向劳动保障行政部门和有关部门举报。

第十九条 保密

甲乙双方保证对在讨论、签订、执行本协议过程中所获悉的属于对方的且无法自公开渠道获得的文件及资料（包括商业秘密、公司计划、运营活动、财务信息、技术信息、经营信息及其他商业秘密）予以保密。未经该资料和文件的原提供方同意，另一方不得向任何第三方泄露该商业秘密的全部或部分内容。但法律、法规另有规定或双方另有约定的除外。保密期限为____年。

第二十条 通知

1. 根据本合同需要一方向另一方发出的全部通知以及双方的文件往来及与本合同有关的通知和要求等，必须用书面形式，可采用_____（书信、传真、电报、当面送交等）方式传递。以上方式无法送达的，方可采取公告送达的方式。

2. 各方通讯地址如下：_____。

3. 一方变更通知或通讯地址，应自变更之日起____日内，以书面形式通知对方；否则，由未通知方承担由此而引起的相关责任。

第二十一条 不可抗力

1. 如果本合同任何一方因受不可抗力事件影响而未能履行其在本合同下的全部或部分义务，该义务的履行在不可抗力事件妨碍其履行期间应予中止。

2. 声称受到不可抗力事件影响的一方应尽可能在最短的时间内通过书面形式将不可抗力事件的发生通知另一方，并在该不可抗力事件发生后_____日内向另一方提供关于此种不可抗力事件及其持续时间的适当证据及合同不能履行或者需要延期履行的书面资料。声称不可抗力事件导致其对本合同的履行在客观上成为不可能或不实际的一方，有责任尽一切合理的努力消除或减轻此等不可抗力事件的影响。

3. 不可抗力事件发生时，双方应立即通过友好协商决定如何执行本合同。不可抗力事件或其影响终止或消除后，双方须立即恢复履行各自在本合同项下的各项义务。如不可抗力及其影响无法终止或消除而致使合同任何一方丧失继续履行合同的能力，则双方可协商解除合同或暂时延迟合同的履行，且遭遇不可抗力一方无须为此承担责任。当事人迟延履行后发生不可抗力的，不能免除责任。

4. 本合同所称"不可抗力"是指受影响一方不能合理控制的，无法预料或即使可预料到也不可避免且无法克服，并于本合同签订日之后出现的，使该方对本合同全部或部分的履行在客观上成为不可能或不实际的任何事件。此等事件包括但不限于自然灾害如水灾、火灾、旱灾、台风、地震，以及社会事件如战争（不论曾否宣战）、动乱、罢工，政府行为或法律规定等。

第二十二条 合同的解释

本合同未尽事宜或条款内容不明确，合同双方当事人可以根据本合同的原则、合同的目的、交易习惯及关联条款的内容，按照通常理解对本合同作出合理解释。该解释具有约束力，除非解释与法律或本合同相抵触。

第二十三条 补充与附件

本合同未尽事宜，依照有关法律、法规执行，法律、法规未作规定的，甲乙双方可以达成书面补充合同。本合同的附件和补充合同均为本合同不可分割的组成部分，与本合同具有同等的法律效力。

第二十四条 合同的效力

1. 本合同自双方或双方法定代表人或其授权代表人签字并加盖单位公章或合同专用章之日起生效。

2. 有效期为_____年，自_____年___月___日至_____年___月___日。

3. 本合同正本一式_____份，双方各执_____份，具有同等法律效力。

甲方（盖章）：_____   乙方（盖章）：_____

法定代表人（签字）：_____   法定代表人（签字）：_____

委托代理人（签字）：_____   委托代理人（签字）：_____

签订地点：_____　　　　　　　签订地点：_____
____年___月___日　　　　　　____年___月___日

（资料来源：北大法意网，http：//www.lawyee.net/Contract/Contract_ Display.asp？RID =
8834。注：各地劳动合同范本可见于中国人力资源与社会保障部网站，http：//
w1.mohrss.gov.cn/gb/ggfw/ldhtfb.htm。）

六、劳动合同的解除和终止

（一）劳动合同解除的方式

劳动合同解除指劳动合同订立后，尚未全部履行以前，由于某种原因导致劳动
合同一方或双方提前消灭劳动关系的法律行为。劳动合同解除可分为以下几种：

1. 协商解除。经劳动合同当事人协商一致，劳动合同可以解除。协商解除必
须是双方自愿，平等协商。

【依据】《劳动法》第 24 条；《劳动合同法实施条例》第 18~19 条。

2. 法定解除。在劳动合同的履行过程中，出现了劳动法律法规规定的情况时，
当事人一方或双方可以直接解除合同。具体包括用人单位单方解除合同的情形、劳
动者单方解除合同的情形。

（二）用人单位可以随时单方解除劳动合同的情况

在下列情况下，用人单位无须提前通知劳动者，可以随时通知劳动者解除合同：

1. 在试用期间被证明不符合录用条件的；
2. 严重违反劳动纪律或者用人单位规章制度的；
3. 严重失职、营私舞弊，对用人单位利益造成重大损害的；
4. 劳动者同时与其他用人单位建立劳动关系，对完成本单位的工作任务造成
严重影响，或者经用人单位提出，拒不改正的；
5. 因欺诈、胁迫的手段或者乘人之危，使用人单位在违背真实意思的情况下
订立或者变更劳动合同而导致合同无效的；
6. 被依法追究刑事责任的。

**【依据】《劳动法》第 25 条；《劳动合同法》第 39 条；《劳动合同法实施条例》
第 19 条。**

（三）用人单位需要提前 30 日通知劳动者或额外支付 1 个月工资才能解除劳动合同的情况

有下列情形之一的，用人单位可以解除劳动合同，但是应当提前 30 日以书面

形式通知劳动者本人或额外支付 1 个月工资：

1. 劳动者患病或者非因工负伤，医疗期满后，不能从事原工作也不能从事由用人单位另行安排的工作的；

2. 劳动者不能胜任工作，经过培训或者调整工作岗位，仍不能胜任工作的；

3. 劳动合同订立时所依据的客观情况发生重大变化，致使原劳动合同无法履行，经当事人协商不能就变更劳动合同达成协议的。

【依据】《劳动法》第 26 条；《劳动合同法》第 40 条；《劳动合同法实施条例》第 19～20 条。

（四）用人单位的经济性裁员

1. 可以进行经济性裁员的情况。有下列情形之一，需要裁员 20 人以上或者不足 20 人但占企业职工总数 10% 以上的，用人单位应当提前 30 日向工会或者全体职工说明情况，听取工会或者职工的意见后，并向劳动行政部门报告裁员方案，方可裁减人员：

（1）依照企业破产法规定进行重整的；

（2）生产经营发生严重困难的；

（3）企业转产、重大技术革新或者经营方式调整，经变更劳动合同后，仍需裁减人员的；

（4）其他因劳动合同订立时所依据的客观经济情况发生重大变化，致使劳动合同无法履行的。

【依据】《劳动合同法》第 41 条。

2. 裁员时应当优先留用的人员：

（1）与本单位订立较长期限的固定期限劳动合同的；

（2）与本单位订立无固定期限劳动合同的；

（3）家庭无其他就业人员，有需要扶养的老人或者未成年人的。

用人单位裁员后，在 6 个月内重新招用人员的，应当通知被裁减的人员，并在同等条件下优先招用被裁减的人员。

【依据】《劳动合同法》第 41 条。

3. 关于经济性裁员的程序。用人单位确需裁员，应按下列程序进行：

（1）提前 30 日向工会或全体职工说明情况，并提供有关生产经营状况的资料；

（2）提出裁员方案，包括被裁减人员名单、裁减时间及实施步骤，符合法律、法规规定和集体合同约定的被裁减人员的经济补偿办法；

（3）将裁员方案征求工会或者全体职工的意见，并对方案进行修改和完善；

（4）向当地劳动行政部门报告裁员方案以及工会或者全体职工的意见，并听取劳动行政部门的意见；

（5）由用人单位正式公布裁员方案，与被裁减人员办理解除劳动合同手续，按照有关规定向被裁减人员本人支付经济补偿金，并出具裁减人员证明书。

【依据】《劳动法》第 27 条；《劳动法意见》第 17 条；《企业经济性裁减人员规定》第 4 条。

（五）用人单位不得单方解除合同的情况

劳动者有下列情形之一的，用人单位不得依照《劳动合同法》第 40、41 条的规定解除劳动合同：

1. 从事接触职业病危害作业的劳动者未进行离岗前职业健康检查，或者疑似职业病病人在诊断或者医学观察期间的；
2. 在本单位患职业病或者因工负伤并被确认丧失或者部分丧失劳动能力的；
3. 患病或者非因工负伤，在规定的医疗期内的；
4. 女职工在孕期、产期、哺乳期的；
5. 在本单位连续工作满 15 年，且距法定退休年龄不足 5 年的；
6. 法律、行政法规规定的其他情形。

【依据】《劳动合同法》第 42 条。

☞ 重点提示

　　工会要注意发挥自身在用人单位解除劳动合同中的作用。
　　用人单位解除劳动合同，工会认为不适当的，有权提出意见。如果用人单位违反法律、法规或者劳动合同，工会有权要求重新处理；劳动者申请仲裁或者提起诉讼的，工会应当依法给予支持和帮助。

【依据】《劳动法》第 30 条；《劳动合同法》第 43 条。

（六）劳动者可以单方解除劳动合同的情况

1. 一般情况下劳动者可单方解除劳动合同需提前通知用人单位。即劳动者提前 30 日以书面形式通知用人单位，可以解除劳动合同。劳动者在试用期内提前 3 日通知用人单位，可以解除劳动合同。

用人单位有下列情形之一的，劳动者可以解除劳动合同：

（1）未按照劳动合同约定提供劳动保护或者劳动条件的；
（2）未及时足额支付劳动报酬的；

（3）未依法为劳动者缴纳社会保险费的；

（4）用人单位的规章制度违反法律、法规的规定，损害劳动者权益的；

（5）因以欺诈、胁迫的手段或者乘人之危，使对方在违背真实意思的情况下订立或者变更劳动合同致使劳动合同无效的；

（6）法律、行政法规规定劳动者可以解除劳动合同的其他情形。

2. 特殊情况下劳动者单方可以随时解除劳动合同。用人单位以暴力、威胁或者非法限制人身自由的手段强迫劳动者劳动的，或者用人单位违章指挥、强令冒险作业危及劳动者人身安全的，劳动者可以立即解除劳动合同，不需事先告知用人单位。

【依据】《劳动合同法》第 36~38 条；《劳动合同法实施条例》第 18 条。

（七）劳动合同的终止

有下列情形之一的，劳动合同终止：

1. 劳动合同期满的；

2. 劳动者开始依法享受基本养老保险待遇或达到法定退休年龄的；

3. 劳动者死亡，或者被人民法院宣告死亡或者宣告失踪的；

4. 用人单位被依法宣告破产的；

5. 用人单位被吊销营业执照、责令关闭、撤销或者用人单位决定提前解散的；

6. 法律、行政法规规定的其他情形。

【依据】《劳动合同法》第 44 条；《劳动合同法实施条例》第 21 条。

（八）解除或者终止劳动合同的证明

用人单位应当在解除或者终止劳动合同时出具解除或者终止劳动合同的证明，并在 15 日内为劳动者办理档案和社会保险关系转移手续。

劳动者应当按照双方约定，办理工作交接。用人单位依照本法有关规定应当向劳动者支付经济补偿的，在办结工作交接时支付。

用人单位对已经解除或者终止的劳动合同的文本，至少保存 2 年备查。

用人单位违反《劳动合同法》规定没有向劳动者出具解除或者终止劳动合同的书面证明，由劳动行政部门责令改正；给劳动者造成损害的，应当承担赔偿责任。

【依据】《劳动合同法》第 50、89 条；《劳动合同法实施条例》第 24 条。

（九）用人单位应当向劳动者支付经济补偿的情况

有下列情形之一的，用人单位应当向劳动者支付经济补偿：

1. 劳动者依照《劳动合同法》第 38 条解除劳动合同的；

2. 用人单位依照《劳动合同法》第 36 条向劳动者提出解除劳动合同并与劳动者协商一致解除劳动合同的；

3. 用人单位依照《劳动合同法》第 40 条解除劳动合同的;

4. 用人单位依照《劳动合同法》第 41 条第 1 款解除劳动合同的;

5. 除用人单位维持或者提高劳动合同约定条件续订劳动合同,劳动者不同意续订的情形外,依照《劳动合同法》第 44 条第 1 项终止固定期限劳动合同的;

6. 依照《劳动合同法》第 44 条第 4 项、第 5 项终止劳动合同的;

7. 法律、行政法规规定的其他情形。

【依据】《劳动合同法》第 46 条;《劳动合同法实施条例》第 22～23、25 条。

(十) 解除和终止劳动合同时经济补偿的计算方法

经济补偿按劳动者在本单位工作的年限,每满 1 年支付 1 个月工资的标准向劳动者支付。6 个月以上不满 1 年的,按 1 年计算;不满 6 个月的,向劳动者支付半个月工资的经济补偿。

劳动者月工资高于用人单位所在直辖市、设区的市级人民政府公布的本地区上年度职工月平均工资 3 倍的,向其支付经济补偿的标准按职工月平均工资 3 倍的数额支付,向其支付经济补偿的年限最高不超过 12 年。

月工资是指劳动者在劳动合同解除或者终止前 12 个月的平均工资。

需要注意的是,劳动者患病或者非因工负伤,经劳动鉴定委员会确认不能从事原工作与不能从事用人单位另行安排的工作而解除劳动合同的,用人单位应按其在本单位的工作年限,每满 1 年发给相当于 1 个月工资的经济补偿金,同时还发给不低于 6 个月工资的医疗补助费。患重病和绝症的还应增加医疗补助费,患重病的增加部分不低于医疗补助费的 50%,患绝症的增加部分不低于医疗补助费的 100%。

【依据】《劳动合同法》第 47 条;《违反和解除劳动合同的经济补偿办法》(以下简称《劳动合同补偿办法》) 第 1～11 条;《劳动合同法实施条例》第 27 条。

☞ 重点提示

> 1. 用人单位解除劳动合同后,未按规定给予劳动者经济补偿的,除全额发给经济补偿金外,还须按该经济补偿金数额的 50% 支付额外经济补偿金。
>
> 2. 对劳动者的经济补偿金,由用人单位一次性发给。
>
> 3. 用人单位违反《劳动合同法》的规定解除或者终止劳动合同的,应当依照经济补偿标准的 2 倍向劳动者支付赔偿金。

【依据】《劳动合同法》第87条;《劳动合同补偿办法》第1~11条。

(十一) 用人单位的其他法律责任

1. 不按期支付工资等情况的法律责任。用人单位有下列情形之一的,由劳动行政部门责令限期支付劳动报酬、加班费或者经济补偿;劳动报酬低于当地最低工资标准的,应当支付其差额部分;逾期不支付的,责令用人单位按应付金额50%以上100%以下的标准向劳动者加付赔偿金:

(1) 未按照劳动合同的约定或者国家规定及时足额支付劳动者劳动报酬的;

(2) 低于当地最低工资标准支付劳动者工资的;

(3) 安排加班不支付加班费的;

(4) 解除或者终止劳动合同,未依照本法规定向劳动者支付经济补偿的。

【依据】《劳动合同法》第86条;《劳动合同法实施条例》第34条。

2. 暴力强迫劳动等情况的法律责任。用人单位有下列情形之一的,依法给予行政处罚;构成犯罪的,依法追究刑事责任;给劳动者造成损害的,应当承担赔偿责任:

(1) 以暴力、威胁或者非法限制人身自由的手段强迫劳动的;

(2) 违章指挥或者强令冒险作业危及劳动者人身安全的;

(3) 侮辱、体罚、殴打、非法搜查或者拘禁劳动者的;

(4) 劳动条件恶劣、环境污染严重,给劳动者身心健康造成严重损害的。

【依据】《劳动合同法》第88条。

3. 未按规定建立职工名册。用人单位违反劳动合同法有关建立职工名册规定的,由劳动行政部门责令限期改正;逾期不改正的,由劳动行政部门处2000元以上2万元以下的罚款。

【依据】《劳动合同法实施条例》第33条。

4. 违反劳务派遣有关规定。用工单位违反《劳动合同法》和《劳动合同法实施条例》有关劳务派遣规定的,由劳动行政部门和其他有关主管部门责令改正;情节严重的,以每位被派遣劳动者1000元以上5000元以下的标准处以罚款;给被派遣劳动者造成损害的,劳务派遣单位和用工单位承担连带赔偿责任。

【依据】《劳动合同法实施条例》第35条。

(十二) 劳动者承担赔偿责任的情况

劳动者违反规定或劳动合同的约定解除劳动合同,对用人单位造成损失的,劳动者应赔偿用人单位下列损失:

1. 用人单位招收录用其所支付的费用;

2. 用人单位为其支付的培训费用,双方另有约定的按约定办理;

3. 对生产、经营和工作造成的直接经济损失；

4. 劳动合同约定的其他赔偿费用。

有下列情形之一，用人单位与劳动者解除约定服务期的劳动合同的，劳动者还应当按照劳动合同的约定向用人单位支付违约金：

1. 劳动者严重违反用人单位的规章制度的；

2. 劳动者严重失职，营私舞弊，给用人单位造成重大损害的；

3. 劳动者同时与其他用人单位建立劳动关系，对完成本单位的工作任务造成严重影响，或者经用人单位提出，拒不改正的；

4. 劳动者以欺诈、胁迫的手段或者乘人之危，使用人单位在违背真实意思的情况下订立或者变更劳动合同的；

5. 劳动者被依法追究刑事责任的。

【依据】《劳动合同赔偿办法》第 4 条；《劳动合同法实施条例》第 26 条。

第三章　工作时间、休息休假、工资和劳动争议

一、工作时间

（一）我国现行的工作时间制度

我国境内的国家机关、社会团体、企业事业单位以及其他组织的职工在常规情况下，每日工作 8 小时、每周工作 40 小时。

在特殊条件下从事劳动和有特殊情况，需要适当缩短工作时间的，按照国家有关规定执行。

因工作性质或者生产特点的限制，不能实行上述标准工时制度的，按照国家有关规定，可以实行其他工作和休息办法。

任何单位和个人不得擅自延长职工工作时间。因特殊情况和紧急任务确需延长的，按照国家有关规定执行。

国家机关、事业单位实行统一的工作时间，星期六和星期日为周休息日。

企业和不能实行以上规定的统一工作时间的事业单位，可以根据实际情况灵活安排周休息日。

从以上可以看到，我国现行的工作时间有以下几种：标准工作时间制度、不定时工作时间制度和综合计算工作时间制度 3 种。一般情况下，应采用标准工作时间制度。企业因生产特点不能实行标准工作时间的，必须经劳动行政部门批准。

【依据】《国务院关于职工工作时间的规定》（以下简称《职工工作时间规定》）第 3~5 条。

（二）标准工作时间制度

1. 标准工作时间（标准工时制）

每天工作 8 小时，每周工作 5 天，每周工作 40 小时。

一般工作岗位、常规工作环境情况下采用这种工作时间安排。

对实行计件工作的劳动者，用人单位应当根据标准工时制合理确定劳动者的劳动定额和计件报酬标准。

【依据】《劳动法》第 36、37 条。

2. 工作时间的缩短

缩短工作时间制度（缩短工时制），是指工作时间少于标准工作时间，主要适用于从事矿山井下、高山、有毒有害、特别繁重或过度紧张等工作的劳动者，从事夜班工作的劳动者和哺乳期内的妇女。

我国法律规定，在特殊条件下从事劳动和有特殊情况，需要在每周工作 40 小

时的基础上再适当缩短工作时间的，应在保证完成生产和工作任务的前提下，由企业根据实际情况决定。

【依据】《劳动法》第 39 条；《职工工作时间规定》第 4 条；《〈国务院关于职工工作时间的规定〉的实施办法》（以下简称《职工工作时间办法》）第 4 条。

3. 工作时间的延长

延长工作时间制度，是指工作时间超过标准工时制，即加班加点。

用人单位由于生产经营需要，经与工会和劳动者协商后可以延长工作时间，一般每日不得超过 1 小时；因特殊原因需要延长工作时间的在保障劳动者身体健康的条件下延长工作时间每日不得超过 3 小时，但是每月不得超过 36 小时。

但有下列特殊情形和紧急任务之一的，延长工作时间不受以上规定的限制：

（1）发生自然灾害、事故或者因其他原因，使人民的安全健康和国家资财遭到严重威胁，需要紧急处理的；

（2）生产设备、交通运输线路、公共设施发生故障，影响生产和公众利益，必须及时抢修的；

（3）必须利用法定节日或公休假日的停产期间进行设备检修、保养的；

（4）为完成国防紧急任务，或者完成上级在国家计划外安排的其他紧急生产任务，以及商业、供销企业在旺季完成收购、运输、加工农副产品紧急任务的。

【依据】《劳动法》第 41、42 条；《职工工作时间办法》第 7 条。

☞ **重点提示**

---

1. 协商是企业决定延长工作时间的程序，企业确因生产经营需要，必须延长工作时间时，应与工会和劳动者协商。协商后，企业可以在劳动法限定的延长工作时数内决定延长工作时间；对企业违反法律、法规强迫劳动者延长工作时间的，劳动者有权拒绝。若由此发生劳动争议，可以提请劳动争议处理机构予以处理。

2. 加班加点的工作报酬

延长工作时间的，企业应当按照《劳动法》的规定，给职工支付不低于工资的 150% 的工资报酬或安排补休；休息日安排劳动者工作又不能安排补休的，支付不低于工资的 200% 的工资报酬；法定休假日安排劳动者工作的，支付不低于工资的 300% 的工资报酬。

3. 对加班加点的监督检查

用人单位违反法律规定，延长劳动者工作时间的，由劳动行政部门给予警告，责令改正，并可以处以罚款。

【依据】《劳动法》第 44、90 条；《劳动法意见》第 71 条；《职工工作时间办法》第 8 条。

(三) 不定时工作时间

因工作性质或生产特点的限制，不能实行标准工时制的，可以实行不定时工作制。

企业对符合下列条件之一的职工，可以实行不定时工作制。

1. 企业中的高级管理人员、外勤人员、推销人员、部分值班人员和因其他原因工作无法按标准工作时间衡量的职工；

2. 企业中的长途运输人员、出租汽车司机和铁路、港口、仓库的部分装卸人员以及因工作性质特殊、需机动作业的职工；

3. 其他因生产特点、工作特殊需要或职责范围的关系，适合实行不定时工作制的职工。

经批准实行不定时工作制的职工，不受劳动法的日延长工作时间标准和月延长工作时间标准（即一般每天不超过 1 小时，每月不超过 36 小时）的限制，但用人单位应采用弹性工作时间等适当的工作和休息方式，确保职工的休息休假权利和生产、工作任务的完成。

【依据】《职工工作时间办法》第 5 条；《关于企业实行不定时工作制和综合计算工时工作制的审批办法》（以下简称《不定时和综合计算工时办法》）第 4 条；《劳动法意见》第 67 条。

(四) 综合计算工作时间

对于那些在市场竞争中，由于外界因素的影响，生产任务不均衡的企业，经劳动行政部门严格审批后，可以实行综合计算工作时间。

用人单位对符合下列条件之一的职工，可实行综合计算工时工作制，即分别以周、月、季、年等为周期，综合计算工作时间，但其平均日工作时间和平均周工作时间应与法定标准工作时间基本相同：

1. 交通、铁路、邮电、水运、航空、渔业等行业中因工作性质特殊，需连续作业的职工；

2. 地质及资源勘探、建筑、制盐、制糖、旅游等受季节和自然条件限制的行业的部分职工；

3. 其他适合实行综合计算工时工作制的职工。

【依据】《不定时和综合计算工时办法》第 5 条。

☞ 重点提示

> 对于实行不定时工作制和综合计算工时工作制等其他工作和休息办法的职工，企业应根据在保障职工身体健康并充分听取职工意见的基础上，采用集中工作、集中休息、轮休调休、弹性工作时间等适当方式，确保职工的休息休假权利和生产、工作任务的完成。

【依据】《不定时和综合计算工时办法》第 6 条。

二、休息休假和工资

休息时间是指劳动者按规定不必进行生产和工作而自行支配的时间。

（一）劳动者享有的休息时间的种类

1. 工作日内的休息时间：在工作过程中给予劳动者必要的休息和用餐时间。一般为 1~2 小时，最少不得少于半个小时。

2. 每周休假日（公休假日）：职工根据国家规定每周休息的时间。多为星期六和星期日，但不能严格实行标准工时制的单位，可根据实际情况灵活安排周休假日，但应当保证劳动者每周至少休息 1 日。

3. 法定节假日休息时间：法律规定用以开展纪念、庆祝等活动的休息时间。我国《劳动法》第 40 条规定用人单位在下列节日期间，应当依法安排劳动者休假：元旦，春节，国际劳动节，国庆节，法律法规规定的其他休假节日。

4. 探亲假：符合国家规定的单位的职工所享有的探望与自己分居两地的父母或配偶的假期。

5. 带薪年休假：职工每年享受的连续休假期间，在此期间工资照付。国家实行带薪年休假制度。劳动者连续工作 1 年以上的，享受带薪年休假。

【依据】《劳动法》第 40、45 条。

（二）工资的范围和形式

劳动法中的"工资"，是指用人单位依据国家有关规定或劳动合同的约定，以货币形式直接支付给本单位劳动者的劳动报酬，一般包括计时工资、计件工资、奖金、津贴和补贴、延长工作时间的工资报酬以及特殊情况下支付的工资等。

"工资"是劳动者劳动收入的主要组成部分。

劳动者的以下劳动收入不属于工资范围：

（1）单位支付给劳动者个人的社会保险福利费用，如丧葬抚恤救济费、生活困难补助费、计划生育补贴等；

（2）劳动保护方面的费用，如用人单位支付给劳动者的工作服、解毒剂、清凉饮料费用等；

（3）按规定未计入工资总额的各种劳动报酬及其他劳动收入，如根据国家规定发放的创造发明奖，合理化建议和技术进步奖等；

（4）实物折款，指职工从单位得到的，按规定未列入工资总额和保险福利费用的各种实物折款；

（5）财产性收入，包括职工从银行和企业获得的存款利息、债券利息、股息和股金分红等；

（6）转移性财产收入，包括职工从职工以外其他阶层人员中得到的赠送收入、遗产收入以及从各种意外事故中得到补偿和由于各种灾害从非营利性机构得到的捐赠收入等；

（7）其他。在上述各项以外职工得到的其他现金收入，如职工的午餐补贴等。

【依据】《劳动法意见》第 53 条。

实践中应注意工资不等于劳动报酬，二者的范围及性质均有所不同，另外工资与其他劳动报酬或劳动收入相比有以下特征：

（1）工资标准必须事先规定。只有事先规定的工资标准才能产生相应的法律后果，用人单位才能获得劳动者的劳动，劳动者也才有权要求用人单位提供工资报酬。

（2）工资是劳动者基于劳动关系所取得的劳动报酬。即只有劳动者与用人单位之间劳动关系的存续期间才存在工资支付问题。

（3）工资必须以法定货币形式定期支付给劳动者本人。一般情况下应当用人民币支付，但是外资企业也可以用外币支付。

（三）工资支付保障

1. 工资应当以法定货币支付。不得以实物及有价证券替代货币支付。

2. 工资必须在用人单位与劳动者约定的日期支付。如遇节假日或休息日，则应提前在最近的工作日支付。工资至少每月支付一次，实行周、日、小时工资制的可按周、日、小时支付工资。

3. 劳动者依法享受年休假、探亲假、婚假、丧假期间以及依法参加社会活动期间（如依法行使选举权或被选举权；当选代表出席乡镇、区以上政府、党派、工会、青年团、妇女联合会等组织召开的会议；出任人民法院证明人；出席劳动模范、先进工作者大会），用人单位应按劳动合同规定的标准支付劳动者工资。

4. 用人单位应将工资支付给劳动者本人。劳动者本人因故不能领取工资时，可由其亲属或委托他人代领。用人单位可委托银行代发工资。

5. 工资应当依法足额支付，除法律明确规定或约定允许扣除工资的情况外，严禁非法克扣或无故拖欠劳动者工资。

【依据】《劳动法》第 **50**、**51** 条；《工资支付暂行规定》第 **5~11** 条。

（四）劳动者受处分后的工资支付

1. 劳动者受行政处分后仍在原单位工作（如留用察看、降级等）或受刑事处分后重新就业的，应主要由用人单位根据具体情况自主确定其工资报酬。

2. 劳动者受刑事处分期间，如拘留、缓刑、监外执行或劳动教养期间，其待遇按国家有关规定执行。

3. 学徒工、熟练工在学徒期、熟练期的工资待遇由用人单位确定，但是不得低于最低保障工资标准。

（五）用人单位可以代扣劳动者工资的情况

用人单位不得克扣劳动者工资。有下列情况之一的，用人单位可以代扣劳动者工资：

1. 用人单位代扣代缴的个人所得税；

2. 用人单位代扣代缴的应由劳动者个人负担的各项社会保险费用；

3. 法院判决、裁定中要求代扣的抚养费、赡养费；

4. 法律、法规规定可以从劳动者工资中扣除的其他费用。

【依据】《工资支付暂行规定》第 **15** 条。

（六）对用人单位扣除工资金额的限制

因劳动者本人原因给用人单位造成经济损失的，用人单位可按照劳动合同的约定要求其赔偿经济损失。经济损失的赔偿，可从劳动者本人的工资中扣除。但每月扣除的部分不得超过劳动者当月工资的 20%。若扣除后的剩余工资部分低于当地月最低工资标准，则按最低工资标准支付。

【依据】《工资支付暂行规定》第 **16** 条。

（七）最低工资保障制度

"最低工资"是指劳动者在法定工作时间内履行了正常劳动义务的前提下，由其所在单位支付的最低劳动报酬。

我国实行最低工资保障制度，即用人单位支付给劳动者的工资不得低于当地最低工资标准。

1. 最低工资制度的适用范围。在我国境内的企业、民办非企业单位、有雇工的个体工商户和与之形成劳动关系的劳动者，国家机关、事业单位、社会团体和与之建立劳动合同关系的劳动者，都实行最低工资保障制度。

2. 最低工资的标准。最低工资的具体标准由省、自治区、直辖市人民政府规定，报国务院备案。省、自治区、直辖市范围内的不同行政区域可以有不同的最低工资标准。

3. 最低工资的形式。最低工资标准一般采取月最低工资标准和小时最低工资标准的形式。月最低工资标准适用于全日制就业劳动者，小时最低工资标准适用于非全日制就业劳动者。

4. 最低工资的范围。最低工资不包括：延长工作时间的工资报酬，以货币形式支付的住房和用人单位支付的伙食补贴，中班、夜班、高温、低温、井下、有毒、有害等特殊工作环境和劳动条件下的津贴，国家法律、法规、规章规定的社会保险福利待遇。

5. 劳动者工资低于当地最低工资标准时的处理。用人单位支付给劳动者的工资如果低于当地最低工资标准，由当地的人民政府人力资源与社会保障部门责令用人单位限期改正；逾期没有改正的，由人保部门对用人单位和责任者给予经济处罚，并根据欠付工资时间的长短向劳动者支付赔偿金。

劳动合同履行地与用人单位注册地不一致的，有关劳动者的最低工资标准、劳动保护、劳动条件、职业危害防护和本地区上年度职工月平均工资标准等事项，按照劳动合同履行地的有关规定执行；用人单位注册地的有关标准高于劳动合同履行地的有关标准，且用人单位与劳动者约定按照用人单位注册地的有关规定执行的，从其约定。

【依据】《劳动法》第 48、91 条；《最低工资规定》第 5、12 条；《劳动合同法实施条例》第 14 条。

☞ **重点提示**

> 劳动者与用人单位形成或建立劳动关系后，试用、熟练、见习期间，在法定工作时间内提供了正常劳动，用人单位应当支付不低于最低工资标准的工资。

【依据】《劳动法意见》第 57 条。

（八）其他

关于工资支付更为详细的规定，可查阅《工资支付暂行规定》、《对〈工资支付暂行规定〉有关问题的补充规定》、《建设领域农民工工资支付管理暂行办法》及各地的工资支付规定。

三、女职工和未成年工的特殊保护

（一）对女职工的特殊保护

由于女职工的生理特点和抚育子女的需要，我国法律对女职工在劳动过程中的安全健康采取了有别于男子的特殊保护。主要保护措施有：

1. 禁止安排女职工从事矿山井下、国家规定的第四级体力劳动强度的劳动和其他禁忌从事的劳动。

2. 不得安排女职工在经期从事高处、低温、冷水作业和国家规定的第三级体力劳动强度的劳动。

3. 不得安排女职工在怀孕期间从事国家规定的第三级体力劳动强度的劳动和孕期禁忌从事的劳动。对怀孕 7 个月以上的女职工，不得安排其延长工作时间和夜班劳动。

4. 女职工生育享受不少于 90 天的产假。

5. 不得安排女职工在哺乳未满 1 周岁的婴儿期间从事国家规定的第三级体力劳动强度的劳动和哺乳期禁忌从事的其他劳动，不得安排其延长工作时间和夜班劳动。

☞ **重点提示**

> 关于女职工禁忌劳动的具体范围，可以查阅国务院《女职工劳动保护规定》、劳动部《女职工禁忌劳动范围的规定》和《体力劳动强度分级》标准。

【依据】《劳动法》第 59～63 条。

（二）对未成年工的特殊保护

未成年工是指年满 16 周岁未满 18 周岁的劳动者。对未成年工的特殊保护主要有：

1. 不得安排未成年工从事矿山井下、有毒有害、国家规定的第四级体力劳动强度的劳动和其他禁忌从事的劳动。

2. 用人单位应当对未成年工定期进行健康检查。

☞ **重点提示**

> 《劳动法》第 95 条规定："用人单位违反本法对女职工和未成年工的保护规定，侵害其合法权益的，由劳动行政部门责令改正，处以罚款；对女职工或者未成年工造成损害的，应当承担赔偿责任。"

【依据】《劳动法》第 64、65、95 条。

四、劳动争议的处理

（一）劳动争议

劳动争议是指劳动关系当事人因为执行劳动法律、法规或履行劳动合同而发生的纠纷。

劳动者和用人单位是劳动争议的当事人。

我国《劳动争议调解仲裁法》处理的劳动争议基本上包括了劳动关系双方权利义务的所有方面，其规定的具体范围如下：

1. 因确认劳动关系发生的争议；

2. 因订立、履行、变更、解除和终止劳动合同发生的争议；

3. 因除名、辞退和辞职、离职发生的争议；

4. 因工作时间、休息休假、社会保险、福利、培训以及劳动保护发生的争议；

5. 因劳动报酬、工伤医疗费、经济补偿或者赔偿金等发生的争议；

6. 法律、法规规定的其他劳动争议。

【依据】《劳动争议调解仲裁法》第 2 条。

（二）劳动争议解决途径总流程图（见附表）

（三）劳动争议的几种解决途径

劳动争议发生后，解决途径主要有 4 种：

【依据】《劳动法》第 79 条；《劳动争议调解仲裁法》第 4、5 条。

```
┌─────────────────────────────────────────────────────┐
│                   当事人可以协商解决                   │
└─────────────────────────────────────────────────────┘
                          ⬇
┌─────────────────────────────────────────────────────┐
│  不愿协商或者协商不成的，可以向本企业劳动争议调解委员会申请调解  │
└─────────────────────────────────────────────────────┘
                          ⬇
┌─────────────────────────────────────────────────────┐
│  调解不成，当事人一方要求仲裁的，可以向劳动争议仲裁委员会申请仲裁  │
│  （当事人一方也可以直接向劳动争议仲裁委员会申请仲裁）          │
└─────────────────────────────────────────────────────┘
            ⬇                              ⬇
┌──────────────────────────┐  ┌──────────────────────────┐
│ 不服终局仲裁，用人单位只能向中级 │  │ 不服非终局仲裁，当事人双方都可以 │
│ 法院申请撤销，不能起诉；劳动者可以 │  │ 在15日内向人民法院起诉。      │
│ 在15日内向法院起诉。          │  │                          │
└──────────────────────────┘  └──────────────────────────┘
```

（四）调解

1. 调解组织。发生劳动争议，当事人可以到下列调解组织申请调解：

（1）企业劳动争议调解委员会；

（2）依法设立的基层人民调解组织；

（3）在乡镇、街道设立的具有劳动争议调解职能的组织。

企业劳动争议调解委员会由下列人员组成：

（1）职工代表（由工会成员担任或者由全体职工推举产生）；

（2）企业代表（由企业负责人指定）。

2. 调解期限。调解委员会调解劳动争议，自劳动争议调解组织收到调解申请之日起 15 日内未达成调解协议的，当事人可以依法申请仲裁。调解委员会调解劳动争议应当遵循当事人双方自愿原则，经调解达成协议的，制作调解协议书，双方当事人应当自觉履行；调解不成的，当事人在规定的期限内，可以向劳动争议仲裁委员会申请仲裁。

调解委员会调解 { 调解成功，制作调解协议书，当事人自觉履行
　　　　　　　　{ 调解不成，可向劳动争议仲裁委员会申请仲裁

【依据】《劳动法》第 80 条；《劳动争议调解仲裁法》第 10~16 条。

（五）劳动争议仲裁委员会仲裁

1. 劳动争议仲裁委员会。我国在县、市、市辖区都设有劳动争议仲裁委员会，

负责仲裁本行政区域内发生的劳动争议。仲裁委员会组成人员必须是单数,主任由劳动行政主管部门的负责人担任。劳动争议仲裁委员会依法履行下列职责:

(1) 聘任、解聘专职或者兼职仲裁员;

(2) 受理劳动争议案件;

(3) 讨论重大或者疑难的劳动争议案件;

(4) 对仲裁活动进行监督。

劳动争议仲裁委员会应当设仲裁员名册。

劳动行政主管部门的劳动争议处理机构是仲裁委员会的办事机构,负责办理仲裁委员会的日常事务。仲裁实行少数服从多数的原则。

仲裁委员会处理劳动争议,应当组成仲裁庭。仲裁庭由三名仲裁员组成。简单劳动争议案件,仲裁委员会可以指定一名仲裁员处理。仲裁庭对重大的或者疑难的劳动争议案件的处理,可以提交仲裁委员会讨论决定;仲裁委员会的决定,仲裁庭必须执行。

【依据】《劳动争议调解仲裁法》第 17、19、20 条。

2. 劳动争议的仲裁管辖。劳动争议仲裁委员会负责管辖本区域内发生的劳动争议。劳动争议由劳动合同履行地或者用人单位所在地的劳动争议仲裁委员会管辖。双方当事人分别向劳动合同履行地和用人单位所在地的劳动争议仲裁委员会申请仲裁的,由劳动合同履行地的劳动争议仲裁委员会管辖。

【依据】《劳动争议调解仲裁法》第 21 条。

3. 仲裁程序如下图:

【依据】《劳动法》第 82、83 条;《劳动争议调解仲裁法》第 27、31、43 条。

4. 当事人如何参与仲裁。当事人可以委托 1~2 名律师或者其他人代理参加仲裁活动。委托他人参加仲裁活动,必须向仲裁委员会提交有委托人签名或者盖章的委托书,委托书应当明确委托事项和权限。

无民事行为能力的和限制民事行为能力的职工或者死亡的职工,可以由其法定代理人(如父母、配偶等)代为参加仲裁活动;没有法定代理人的,由仲裁委员会为其指定代理人代为参加仲裁活动。

劳动争议仲裁公开进行,但当事人协议不公开进行或者涉及国家秘密、商业秘密和个人隐私的除外。

【依据】《劳动争议调解仲裁法》第 26 条。

5. 申诉书的写法。当事人向仲裁委员会申请仲裁,应当提交申诉书,并按照被诉人数提交副本。申诉书应当载明下列事项:

(1) 劳动者的姓名、性别、年龄、职业、工作单位和住所,用人单位的名称、住所和法定代表人或者主要负责人的姓名、职务;

(2) 仲裁请求和所根据的事实、理由;

```
┌─────────────────────────────────────────────────────────────────┐
│      当事人在劳动争议发生之日起1年内向仲裁委员会提出仲裁申请      │
└─────────────────────────────────────────────────────────────────┘
                                ⇩
┌─────────────────────────────────────────────────────────────────┐
│           仲裁委员会接到申请后，5日内作出是否受理的决定            │
└─────────────────────────────────────────────────────────────────┘
                                ⇩
┌─────────────────────────────────────────────────────────────────┐
│       仲裁庭受理后先行调解，调解达成协议的，制作调解书，           │
│              调解书自送达之日起具有法律效力                       │
└─────────────────────────────────────────────────────────────────┘
                                ⇩
┌─────────────────────────────────────────────────────────────────┐
│   调解未达成协议或者调解书送达前当事人反悔的，仲裁庭应当在45—60日内裁决   │
└─────────────────────────────────────────────────────────────────┘
                                ⇩
┌─────────────────────────────────────────────────────────────────┐
│  逾期未作裁决，或对仲裁裁决不服，可自收到仲裁裁决书之日起15日内向人民法院提起诉讼  │
└─────────────────────────────────────────────────────────────────┘
                                ⇩
┌─────────────────────────────────────────────────────────────────┐
│          一方当事人在法定期限内不起诉，又不履行仲裁裁决的，        │
│             另一方当事人可以向法院申请强制执行                     │
└─────────────────────────────────────────────────────────────────┘
```

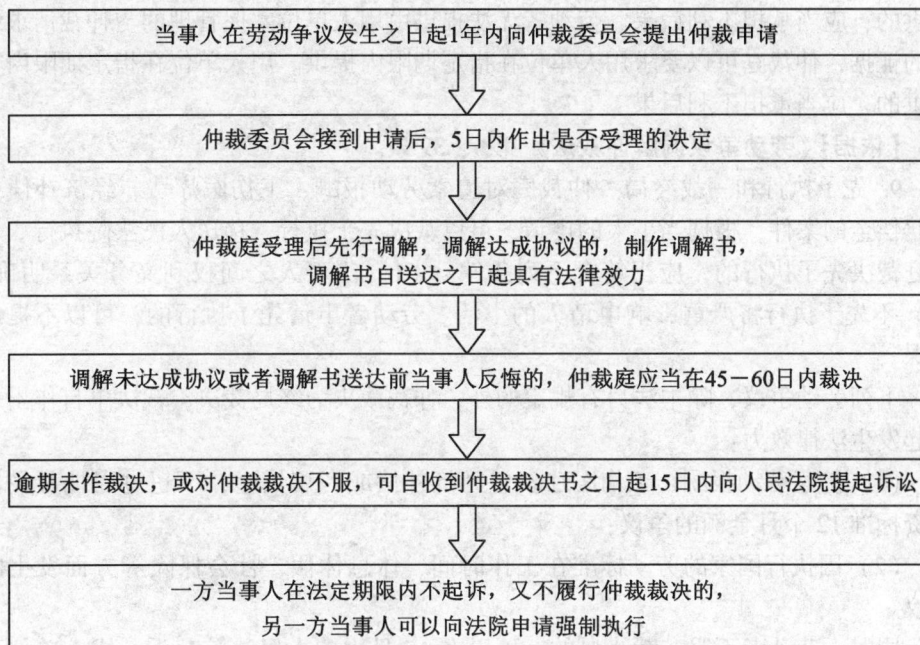

（3）证据和证据来源、证人姓名和住所。

书写仲裁申请确有困难的，可以口头申请，由劳动争议仲裁委员会记入笔录，并告知对方当事人。

【依据】《劳动争议调解仲裁法》第 28 条。

6. 仲裁费。劳动争议仲裁不收费。劳动争议仲裁委员会的经费由财政予以保障。

【依据】《劳动争议调解仲裁法》第 53 条。

7. 仲裁委员会成员的回避。仲裁委员会组成人员或者仲裁员有下列情形之一的，应当回避，当事人有权以口头或者书面方式申请其回避：

（1）是本案当事人或者当事人、代理人的近亲属的；

（2）与本案有利害关系的；

（3）与本案当事人、代理人有其他关系，可能影响公正裁决的；

（4）私自会见当事人、代理人，或者接受当事人、代理人的请客送礼的。

仲裁委员会对回避申请应当及时作出决定，并以口头或者书面方式通知当事人。

【依据】《劳动争议调解仲裁法》第 33 条。

8. 举证责任。发生劳动争议，当事人对自己提出的主张，有责任提供证据。

与争议事项有关的证据属于用人单位掌握管理的，用人单位应当提供；用人单位不提供的，应当承担不利后果。劳动者无法提供由用人单位掌握管理的与仲裁请求有关的证据，仲裁庭可以要求用人单位在指定期限内提供。用人单位在指定期限内不提供的，应当承担不利后果。

【依据】《劳动争议调解仲裁法》第6、39条。

9. 先予执行和一裁终局。仲裁庭对追索劳动报酬、工伤医疗费、经济补偿或者赔偿金的案件，根据当事人的申请，可以裁决先予执行，移送人民法院执行。仲裁庭裁决先予执行的，应当符合下列条件：（1）当事人之间权利义务关系明确；（2）不先予执行将严重影响申请人的生活。劳动者申请先予执行的，可以不提供担保。

下列劳动争议，除本法另有规定的外，仲裁裁决为终局裁决，裁决书自作出之日起发生法律效力：

（1）追索劳动报酬、工伤医疗费、经济补偿或者赔偿金，不超过当地月最低工资标准12个月金额的争议；

（2）因执行国家的劳动标准在工作时间、休息休假、社会保险等方面发生的争议。

同时，劳动者不服一裁终局的，可以在15日内向人民法院起诉。用人单位不服的，可以申请仲裁委员会所在地中级人民法院撤销。

【依据】《劳动争议调解仲裁法》第44、47~49条。

（六）劳动争议诉讼

当事人对劳动仲裁委员会的裁决不服的，可自收到仲裁裁决书之日起15日内向法院起诉。

劳动争议案件由用人单位所在地或劳动合同履行地的基层人民法院管辖。

人民法院一审理终结后，对一审判决不服的，当事人可在收到判决书之日15日内向上一级人民法院提起上诉。二审法院所作的裁决是终审裁决，当事人必须履行。

☞ **典型案例**

【案例一】

周某12年前进入某市一家公司工作，打拼多年，为公司立下汗马功劳，对公司深怀感情。可是随着市场持续波动，公司经营状况每况愈下，连员工的工资都很难支付。由于公司不能正常支付工资，一年只发放两三千元的生活费，周某难以度日。2008年3月，已拖欠其工资两年有余的公司，在周某的要求下写了一份承诺书，承诺公司在 2008 年 4 月 4 日前支付拖欠周某的工资共计 20 万元。可等了多日，周某发现公司始终无意支付，眼看着自己打拼多年的心血要打水漂，他再也坐不住了。4 月 14 日，周某向该市人民法院提出支付令申请，要求公司支付其 2005 年 11 月至 2008 年 3 月工资共计 20 万元。法院于 2008 年 5 月对该案作出处理，对周某所在公司发出支付令：责令其自收到支付令之日起 15 日内，支付周某 2005 年 11 月至 2008 年 3 月的工资共计 20 万元及相关诉讼费用。

【案例二】

刘先生于 2008 年 1 月 1 日入职某公司，未签劳动合同。刘先生于 2008 年元旦、春节加班，公司未支付任何加班费，遂于 2008 年 3 月向市劳动争议仲裁委员会提出申诉，要求公司支付 2008 年 2 月、3 月双倍工资及 2008 年元旦、春节加班费、解除劳动合同经济补偿金。公司辩称，加班费已支付给刘先生，但未提供证据证明。市劳动争议仲裁委员会查明，该公司未与刘先生签订劳动合同，且刘先生确于 2008 年元旦、春节加班；遂于 2008 年 4 月裁决公司支付刘先生 2008 年 2 月至 3 月的双倍工资以及元旦、春节加班费。该公司不服上述裁决，向法院提出撤销该仲裁裁决的申请。法院经审理认为，公司认可刘先生所述 2008 年元旦加班 1 天、春节加班 4 天的事实且没有证据证明其已支付了加班费，劳动争议仲裁委员会的裁决是正确的，驳回公司要求撤销裁决的申请。

【案例三】

2005 年，姜某入职某公司，2006 年 10 月姜某与公司签订无固定期限劳动合同。2007 年起其年基本工资为 3 万元，目标奖金为 1 万元。2008 年 3 月 11 日，姜某意外地接到公司的解聘通知书。深感委屈的姜某将该公司告上法庭，要求继续履行劳动合同。姜某认为，公司是在无事实依据和法律依据的情况下突然解除劳动合同的。公司辩称，姜某在工作中经常出错，因此同事发邮件提醒她注意工作准确性。随后，姜某给相关负责人发邮件，表示停止参加该项工作。至 2008 年 3 月，因姜某拒绝该工作已两个多月，公司不得不另行招人填补空缺。因此，公司才与姜某解除劳动关系。法院审理认为，劳动者严重违反单位规章制度的，用人单位可以解除劳动合同。公司曾多次与姜某沟通，姜某拒不接受，并擅自停止工作，且不参加公司培训，姜某的行为已严重违反了单位的规章制度。法院认为，该公司以姜某违反公司规章制度为由解除劳动合同并无不妥，于 2008 年 6 月 5 日判决驳回姜某的全部请求。

【案例四】

张先生于 2007 年 6 月入职 A 公司，签订了两年劳动合同，任公司职员。2008 年 1 月，A 公司与他签订了解除劳动合同协议书，并支付其经济补偿金等 3 万余元。张先生被 A 公司辞退后，认为自己不该被辞退，解除合同协议书是 A 公司胁迫所签，且认为他在公司策划的旅游活动中，因吃了公司的食品，使他在活动中脚部严重受伤，不能走路。因此要求公司赔偿破坏其身体健康的经济损失等共计 256 万美元。公司辩称，劳动合同是双方协商解除的，经济补偿金公司也已依法支付。对于张先生"吃了有毒食品"的说法，查无此事。双方因此争执不下。张先生遂于 2008 年 3 月一纸诉状将 A 公司诉诸法院，要求公司赔偿 256 万美元。法院经审理认为，A 公司已支付张先生经济补偿金，张先生不能证明受到胁迫，也不能证明身体受有伤害，A 公司无须再补偿。因此于 2008 年 6 月判决驳回张先生的起诉。该案虽说诉讼标的额达 256 万美元，但因是劳动案件，根据法律规定，仍由基层法院审理。张先生仅为诉讼缴纳了 10 元诉讼费。

法 规 目 录

1. 《劳动法》，第八届全国人大常委会第九次会议 1994 年 7 月 5 日通过并公布，1995 年 1 月 1 日施行；

2. 《劳动合同法》，第十届全国人大常委会第二十八次会议 2007 年 6 月 29 日通过，2008 年 1 月 1 日施行；

3. 《劳动争议调解仲裁法》，第十届全国人大常委会第三十一次会议 2007 年 12 月 29 日通过并公布，2008 年 5 月 1 日施行；

4. 《国务院关于职工工作时间的规定》（国务院令第 146 号），简称《职工工作时间规定》，国务院 1995 年 3 月 25 日颁布，5 月 1 日施行；

5. 《劳动合同法实施条例》（国务院令第 535 号），国务院第 25 次常务会议 2008 年 9 月 3 日通过，9 月 18 日公布施行；

6. 《女职工禁忌劳动范围的规定》，劳动部 1990 年 1 月 18 日发布施行；

7. 《违反和解除劳动合同的经济补偿办法》（劳部发〔1994〕481 号），简称《劳动合同补偿办法》，劳动部 1994 年 12 月 3 日颁布，1995 年 1 月 1 日施行；

8. 《工资支付暂行规定》（劳部发〔1994〕489 号），劳动部 1994 年 12 月 6 日发布，1995 年 1 月 1 日施行；

9. 《关于企业实行不定时工作制和综合计算工时工作制的审批办法》（劳部发〔1994〕503 号），简称《不定时和综合计算工时办法》，劳动部 1994 年 12 月 14 日发布，1995 年 1 月 1 日施行；

10. 《〈国务院关于职工工作时间的规定〉的实施办法》（劳部发〔1995〕143号），简称《职工工作时间办法》，劳动部1995年4月颁布，5月1日施行；

11. 《违反〈劳动法〉有关劳动合同规定的赔偿办法》（劳部发〔1995〕223号），简称《劳动合同赔偿办法》，劳动部1995年5月10日颁布施行；

12. 《对〈工资支付暂行规定〉有关问题的补充规定》（劳部发〔1995〕226号），劳动部1995年5月12日发布施行；

13. 《关于贯彻执行〈中华人民共和国劳动法〉若干问题的意见》（劳部发〔1995〕309号），简称《劳动法意见》，劳动部1995年8月4日颁布施行；

14. 《因工死亡职工供养亲属范围》（劳动和社会保障部令第18号），劳动和社会保障部2003年9月23日发布，2004年1月1日施行；

15. 《最低工资规定》（劳动和社会保障部令第21号），劳动和社会保障部2004年1月20日颁布，3月1日施行；

16. 《建设领域农民工工资支付管理暂行办法》（劳社部发〔2004〕22号），劳动和社会保障部和建设部2004年9月6日颁布施行；

17. 《关于实施〈工伤保险条例〉若干问题的意见》（劳社部函〔2004〕256号），劳动和社会保障部2004年11月1日发布施行；

18. 《关于做好建筑施工企业农民工参加工伤保险有关工作的通知》（劳社部发〔2006〕44号），劳动和社会保障部和建设部2006年12月5日发布施行；

19. 《劳动人事争议仲裁办案规则》，人力资源与社会保障部2009年1月1日公布施行；

20. 《最高人民法院关于审理劳动争议案件适用法律若干问题的解释》（法释〔2001〕14号），简称《审理劳动争议案件解释》，最高人民法院审判委员会第1165次会议2001年3月22日通过并公布，4月30日施行；

21. 《最高人民法院关于审理劳动争议案件适用法律若干问题的解释（二）》（法释〔2006〕6号），简称《审理劳动争议案件解释（二）》，最高人民法院审判委员会第1393次会议2006年7月10日通过并公布，10月1日施行。

下 篇
农民外出务工工伤与职业病

☞ **导读**

在我国，除了一般的劳动争议，农民外出务工常常涉及两个问题，一是工伤，二是职业病。无论工伤还是职业病对劳动者的身体都会造成极大的危害。

第一章 总 述

一、工伤保险和职业病法律制度的发展沿革

（一）21 世纪之前的发展

我国的职业病和劳动保险制度建立于 20 世纪 50 年代初期。1951 年 2 月 25 日，中央人民政府政务院颁布实施的《中华人民共和国劳动保险条例》中规定了劳动保险。这部行政法规在 1953 年曾经进行过修订，然后一直沿用到我国工伤保险制度改革之前。1957 年 2 月 23 日，卫生部颁布了《职业病范围和职业病患者处理办法的规定》，确定了严重危害工人、职工身体健康，严重影响生产的职业中毒、尘肺病等 14 种职业病。1987 年 11 月 5 日，卫生部、劳动人事部、财政部、中华全国总工会重新修订了《职业病范围和职业病患者处理办法的规定》，将职业病分为九大类共 99 种。

20 世纪 80 年代末期，为了适应形势的变化和实际的需要，我国开始进行工伤保险制度的改革。在试点改革的基础上，1992 年 3 月 9 日，劳动部、卫生部、中华全国总工会联合发布了《职工工伤与职业病致残程度鉴定标准》。随后，在 1995 年 1 月 1 日起施行的《劳动法》对职业危害和社会保险作了规定。1996 年，劳动部颁发了《企业职工工伤保险试行办法》；其他有关行政部门也发布了很多关于工

伤社会保险的通知、复函等。①

（二）进入 21 世纪之后的发展

进入 21 世纪，中国社会保障制度的改革加快了步伐，职业病和工伤保险方面的一系列重要法规相继颁布施行。其特点一是在紧密联系中共同发展，但又有各自的立法进程；二是由于实践中工伤事故的发生率居高不下，而且职业病本身就是一种工伤，所以，工伤保险制度的建立和完善受到越来越多的关注，居于主要地位；三是对农民工的特别保护更多地体现在工伤保险的立法中。

1. 工伤保险法律制度的发展。从立法进程上来看，可以大致分为以下两个阶段。

（1）2001—2004 年

2001 年 5 月 27 日劳动和社会保障部（2008 年更名为人力资源和社会保障部，下同）颁布《社会保险行政争议处理办法》；2002 年 11 月 1 日《安全生产法》生效。2004 年是我国工伤保险制度基本确立的关键一年，且这一领域内的农民工问题也开始并持续得到高度关注。一方面，中央各个层面的有关立法相继出台。2004 年 1 月 1 日《工伤保险条例》和《工伤认定办法》、《非法用工单位伤亡人员一次性赔偿办法》等几部重要法规同时生效施行；同年 1 月 13 日国务院公布施行了《安全生产许可证条例》，将为从业人员缴纳工伤保险费和配备预防职业危害的劳动防护用品确定为矿山企业、建筑施工企业和危险化学品、烟花爆竹、民用爆破器材生产企业取得安全生产许可证的必备安全生产条件（第 2 条）。为了维护农民工的工伤保险权益，改善农民工的就业环境，劳动和社会保障部于 2004 年 6 月 1 日发布《关于农民工参加工伤保险有关问题的通知》，就农民工参加工伤保险、依法享受工伤保险待遇有关问题专门作出规定。在农民工工伤事故最为集中的建筑行业，建设部于 2004 年 7 月 5 日、8 月 27 日相继发布《建筑施工企业安全生产许可证管理规定》和《建筑施工企业安全生产许可证管理规定实施意见》，以行业规范的形式具体落实上述《安全生产许可证条例》第 2 条的规定。

另一方面，从 2004 年年初开始，各地方关于工伤保险和农民工参加工伤保险的地方立法大量出现。以湖北省为例，湖北省政府发布的《湖北省工伤保险实施办法》于 2004 年 1 月 1 日施行；随后，从 2004 年一直延续到 2005 年上半年，荆州、十堰、襄樊、黄石、荆门、宜昌、恩施（自治州）、咸宁、武汉、黄冈等地市相继颁布了各自的"工伤保险实施细则（或办法）"。

（2）2006 年及以后

针对近几年来农民工问题日益突出，其中之一就是缺乏社会保障，职业病和工

---

① 参见郑尚元：《工伤保险法律制度研究》，北京大学出版社 2004 年版，第 51~55 页。

伤事故多，国务院于2006年3月27日发布了《关于解决农民工问题的若干意见》，要求所属各部门和各级人民政府依法保障农民工职业安全卫生权益（第九项）、高度重视农民工社会保障工作（第十六项）和依法将农民工纳入工伤保险范围（第十七项）。劳动和社会保障部随后分别于4月29日出台《关于贯彻落实国务院关于解决农民工问题的若干意见的实施意见》、5月17日出台《关于实施农民工"平安计划"加快推进农民工参加工伤保险工作的通知》。针对问题突出的建筑领域，劳动和社会保障部于同年12月5日发布《关于做好建筑施工企业农民工参加工伤保险有关工作的通知》。对于包括农民工在内的劳动者权益保护具有重要意义的《劳动合同法》于2007年6月29日获得全国人大常委会通过，其第17条第1款将社会保险和劳动保护、劳动条件以及职业危害防护规定为签订劳动合同的必备条款。

在地方一级同样以湖北省为例。湖北省政府为了贯彻落实上述国务院的意见，于2006年12月4日发布《湖北省人民政府关于解决农民工问题的实施意见》。早于或根据湖北省劳动和社会保障厅2006年7月15日发布的《关于湖北省农民工参加工伤保险和医疗保险的指导意见》，湖北省境内所辖的部分地市也先后针对农民工参加工伤保险的问题发布了一些规章，如宜昌、十堰、黄石、襄樊等。

2009年7月24日，国务院法制办全文公布《国务院关于修改〈工伤保险条例〉的决定（征求意见稿）》，征求社会各界意见。主要内容包括对工伤认定范围、工伤认定、鉴定和争议解决程序、工亡待遇标准等的调整。修订后的《工伤保险条例》扩大了保障范围、提高了工伤待遇、提高了违法成本、简化了争议解决程序。2010年又通过了《社会保险法》和对《工伤保险条例》及其配套法规的修订。作为新版《工伤保险条例》配套文件——新修订的《工伤认定办法》和《非法用工单位伤亡人员一次性赔偿办法》也开始实施。《社会保险法》填补了多年来我国社会保险领域基本法律的空白，对社会保险的原则、各险种的覆盖范围、社会保险待遇项目和享受条件、社会保险经办机构、社会保险基金监督、各项社会保险的缴纳领取等作出了明确规定。其中专章规定了工伤保险，第一次将工伤保险的有关规定提升至全国性立法的高度，有利于更好地保护劳动者的权益。

2. 职业病法律制度的发展

2002年5月1日《职业病防治法》生效。为了配合这部法律的实施，卫生部颁发了一系列于同日生效的规章，如《职业病危害项目申报管理办法》、《职业病诊断与鉴定管理办法》和《职业病危害事故调查处理办法》。针对实践中职业病发生的特点，卫生部于2006年7月27日发布施行了《建设项目职业病危害分类管理办法》。此外，针对职业病诊断和鉴定中所发生的实际问题，卫生部还发布了一些批复。

二、农民工与工伤保险和职业病

作为享有平等权的劳动者①，从我国目前现行的法律法规来看，农民工在参加工伤保险和职业病的医疗保障上理应享受与城镇职工一样的待遇，这一点也始终在中央和地方各级政府的政策中有所强调。但由于诸多原因的限制，农民工应当享受的待遇一直未能落到实处。根据笔者的考察，在参加和享受工伤保险方面，农民工具有以下一些特点：

1. 身份上的相互不予认同。一方面在城镇务工的农民工由于城乡户籍制度的差异，在身份上得不到应有的认同，体现在制度、观念、待遇等多个方面（如得不到当地的法律援助和工会的支持等）；另一方面，有的农民工本身也不把自己看作是城市的一分子，只是打一枪换一个地方，这直接导致了他们不去争取和维护自己应有的权益。

2. 权利意识淡薄、维权手段贫乏。外出务工的农民文化水平普遍不高，权利意识还处于萌芽阶段，一般不与用人单位签订劳动合同（多数情况下也无法与用人单位签订劳动合同）；在遇到用人单位的欺诈、压迫或与其产生矛盾、纠纷时，通常选择忍气吞声的方式；即使能够获得一定的赔偿，也一般看重眼前利益而忽视长远利益。再加之在务工地得不到身份上的认同，缺乏熟人社会的支持，进入不了当地相应的维权体系，缺少基本的维权手段。

3. 流动性大，职业风险高。农民工通常抱着"此处不留爷，自有留爷处"的朴素想法在各个城市之间流动，不愿陷入当地盘根错节的官商关系、政府部门之间的互相推诿和费时耗力的维权索赔过程中去。由于农民工吃苦耐劳且职业技能和用工成本偏低，所以通常从事城镇劳动者不愿从事的脏苦累危的职业，如建筑工、煤矿工等，这些职业通常都具有高风险，而与之形成鲜明对比的则是他们获得工伤权利救济的较小可能性。

4. 用工侧重于短期性和季节性。② 由于农忙和对传统节日的看重，农民工经常从事短期性和季节性的工作，这直接制约着工伤保险法律制度覆盖他们的可能性与操作性。农民工一般不以建立相对稳定的劳动关系为基本就业形式，不在乎是否签订劳动合同。对于这种情形，《工伤保险条例》的相关规定可能就无法适用。如第 64 条将"本人工资"解释为工伤劳动者因工作遭受事故伤害或者患职业病前 12个月平均月缴费工资；而"缴费工资"一般是指养老保险缴费工资基数。如果遭

① 《劳动法》第 3 条规定："劳动者享有平等就业和选择职业的权利、取得劳动报酬的权利、休息休假的权利、获得劳动安全卫生保护的权利、接受职业技能培训的权利、享受社会保险和福利的权利、提请劳动争议处理的权利以及法律规定的其他劳动权利。……"

② 参见郑尚元：《工伤保险法律制度研究》，北京大学出版社 2004 年版，第 127~128 页。

到工伤的农民工只做了三个月的工，而且从未参加过养老保险，那么如何确定有关赔偿或补助数额就成了一个难题。

农民工的流动性大和用工的短期性、季节性，还使得伤残津贴、供养亲属抚恤金和生活护理费等待遇的定期发放（通常按月发放）存在相当难度。针对这一问题，《农民工工伤保险通知》要求针对达到一级至四级伤残等级的跨省农民工的工伤长期待遇，试行一次性支付和长期支付两种方式，供他们选择。

第二章　工伤保险

一、工伤保险的概念和《工伤保险条例》(2010年修订)的适用范围

(一) 工伤保险的概念

一般而言，工伤保险是指劳动者在工作中（包括时间和场所两个因素）或法定的特殊情况下发生意外事故造成人身伤害或死亡，或因法定的职业性有害因素导致职业病，劳动者本人或其供养的亲属依法所获得物质帮助和经济补偿的一种社会保险制度。① 我国《工伤保险条例》即将因工作中遭受事故伤害和患职业病两种情形包括在内。

为建立工伤保险制度，使工伤职工能够得到及时的救助和享受工伤保险待遇而筹集的资金称为工伤保险基金。工伤保险基金由用人单位缴纳的工伤保险费、工伤保险基金的利息和依法纳入工伤保险基金的其他资金构成。

【依据】《工伤保险条例》第1、7条。

(二)《工伤保险条例》的适用范围

1. 对民事主体的适用范围。工伤保险对民事主体的适用范围包括用人单位和劳动者两个方面。

(1) 用人单位

用人单位包括中华人民共和国境内的企业、事业单位、社会团体、民办非企业单位、基金会、律师事务所、会计师事务所等组织和有雇工的个体工商户。用人单位应当参加工伤保险而未参加的，由社会保险行政部门责令限期参加；未参加工伤保险期间用人单位职工发生工伤的，由该用人单位按照《工伤保险条例》规定的工伤保险待遇项目和标准支付费用。

公务员和参照公务员法管理的事业单位、社会团体的工作人员因工作遭受事故伤害或者患职业病的，由所在单位支付费用。具体办法由国务院社会保险行政部门会同国务院财政部门规定。这一款规定没有明确这些单位制定其工伤保险办法时要参照《工伤保险条例》，那么就可能出现只管正式工、排除临时工的现象。

自2004年《工伤保险条例》实施以来，各省也相继制定实施方法落实《工伤

---

① 参见郑尚元：《工伤保险法律制度研究》，北京大学出版社2004年版，第36页。

保险条例》的实施，其中一些早在《工伤保险条例》修订前就试图扩大工伤保险的适用范围。比如，《湖北省工伤保险实施办法》第47条规定："企业化管理的事业单位应依照本办法的规定参加工伤保险。其他国家机关、事业单位、社会团体在《条例》实施以前已经参加工伤保险的，可以继续参加。国家有新的规定的，按新规定执行。"

【依据】《**劳动法**》**第2条；**《**劳动合同法**》**第2条；**《**工伤保险条例**》**第2、62、65条。**

（2）劳动者

劳动者包括我国境内上述各种用人单位的职工和个体工商户的雇工。关于劳动者的范围，我国几部相关法律作了表述略有差异但含义基本相同的规定。如根据《劳动法》第2条和《贯彻劳动法意见》第3条的规定，与我国境内的企业、个体经济组织形成劳动关系的职工，即劳动者事实上已成为企业、个体经济组织的成员，并为其提供有偿劳动；或者国家机关、事业组织、社会团体实行劳动合同制度的以及按规定应实行劳动合同制度的工勤人员；实行企业化管理的事业组织的人员；其他通过劳动合同与国家机关、事业组织、社会团体建立劳动关系的人员，都是劳动者。①

再如《劳动合同法》第2条规定，与我国境内的企业、个体经济组织、民办非企业单位、国家机关、事业单位、社会团体等组织建立劳动关系的职工，都是劳动者。②

《工伤保险条例》规定，中华人民共和国境内的企业、事业单位、社会团体、民办非企业单位、基金会、律师事务所、会计师事务所等组织的职工和个体工商户的雇工，均有依照本条例的规定享受工伤保险待遇的权利。一般情况下，劳动者与用人单位通过订立劳动合同而形成劳动关系。现实中还存在虽然没有订立劳动合同，但已形成事实上的一方提供劳务、另一方给付报酬的劳动关系，即"事实劳动关系"，处于这种关系之中的劳动者，同样受到《工伤保险条例》的保护。

【依据】《**劳动法**》**第2条；**《**劳动合同法**》**第2条；**《**工伤保险条例**》**第2条；**《**贯彻劳动法意见**》**第3条。**

---

① 公务员和比照实行公务员制度的事业组织和社会团体的工作人员，以及农村劳动者（乡镇企业职工和进城务工、经商的农民除外）、现役军人和家庭保姆等不适用劳动法。参见《贯彻劳动法意见》第4条。

② 以下在同等意义上使用"职工"和"劳动者"。

☞ **重点提示**

> 农民工参加工伤保险
> 　农民工属于劳动者，当然可以参加工伤保险。《农民工工伤保险通知》指出，依法享受工伤保险待遇是《工伤保险条例》赋予包括农民工在内的各类用人单位劳动者的基本权益，各类用人单位招用的农民工均有享受工伤保险待遇的权利。凡是与用人单位建立劳动关系的农民工，用人单位必须及时为他们办理参加工伤保险的手续，尤其是建筑、矿山等工伤风险较大、职业危害较重行业的农民工。
> 　《农民工问题若干意见》规定，所有用人单位必须及时为农民工办理参加工伤保险手续，并按时足额缴纳工伤保险费。在农民工发生工伤后，要做好工伤认定、劳动能力鉴定和工伤待遇支付工作。未参加工伤保险的农民工发生工伤，由用人单位按照工伤保险规定的标准支付费用。当前，要加快推进农民工较为集中、工伤风险程度较高的建筑行业、煤炭等采掘行业参加工伤保险。建筑施工企业同时应按照《建筑法》规定，为施工现场从事危险作业的农民工办理意外伤害保险。

【依据】《社会保险法》第 95 条;《工伤保险条例》第 2 条;《农民工问题若干意见》第（17）项;《农民工工伤保险通知》第 2 项;《农民工问题实施意见》"总体工作部署"第（8）项;《建筑企业农民工工伤保险通知》第 1 项。

2. 时间上的适用范围。我国《工伤保险条例》自 2004 年 1 月 1 日起施行，其施行前已受到事故伤害或者患职业病的职工尚未完成工伤认定的，可以按照该条例的规定执行。这意味着，在特定情形下，《工伤保险条例》具有溯及既往的效力。

【依据】《工伤保险条例》第 67 条。

二、农民工（劳动者）的权利

1. 免费参加工伤保险。作为劳动者，农民工在外出务工工伤保险方面最主要的权利就是免费参加工伤保险。《工伤保险条例》规定，"职工个人不缴纳工伤保险费"。

【依据】《社会保险法》第 33 条;《劳动法》第 3 条、第 73 条第 1 款;《工伤保险条例》第 10 条第 1 款;《农民工工伤保险通知》第 2 项。

2. 解除劳动合同。用人单位未依法为劳动者缴纳社会保险费（或工伤保险费）的，劳动者可以解除劳动合同。

对于因工致残被鉴定为五级至十级伤残的劳动者,经其本人提出,可以与用人单位解除或者终止劳动关系,由工伤保险基金支付一次性工伤医疗补助金,由用人单位支付一次性伤残就业补助金。具体标准由省、自治区、直辖市人民政府规定。

【依据】《劳动合同法》第 **38** 条;《工伤保险条例》第 **36**、**37** 条。

3. 拒绝管理人员违章指挥、强令冒险作业。劳动者对用人单位管理人员违章指挥、强令冒险作业,有权拒绝执行,且该行为不视为违反劳动合同;对危害生命安全和身体健康的行为,有权提出批评、检举和控告。与之相对,劳动者在劳动过程中负有严格遵守安全操作规程的义务。

【依据】《劳动法》第 **56** 条;《劳动合同法》第 **32** 条。

4. 举报工伤保险的违法行为。劳动者有权举报有关工伤保险的违法行为。社会保险行政部门对举报应当及时调查,按照规定处理,并为举报人保密。

【依据】《工伤保险条例》第 **52** 条。

5. 提出工伤认定申请。劳动者发生工伤事故或者按照职业病防治法规定被诊断、鉴定为职业病,应由所在单位在规定期限内提出工伤认定申请。如果用人单位未在规定期限内提出工伤认定申请的,工伤职工或者其近亲属、工会组织在工伤事故发生之日或者被诊断、鉴定为职业病之日起 1 年内,可以直接向用人单位所在地统筹地区社会保险行政部门提出工伤认定申请。

【依据】《工伤保险条例》第 **17** 条;《工伤认定办法》第 **4** 条。

6. 依法申请行政复议或提起行政诉讼。有关单位或者个人可以依法申请行政复议,也可以依法向人民法院提起行政诉讼:

(1)申请工伤认定的职工或者其近亲属、该职工所在单位对工伤认定申请不予受理的决定不服的;

(2)申请工伤认定的职工或者其近亲属、该职工所在单位对工伤认定结论不服的;

(3)用人单位对经办机构确定的单位缴费费率不服的;

(4)签订服务协议的医疗机构、辅助器具配置机构认为经办机构未履行有关协议或者规定的;

(5)工伤职工或者其近亲属对经办机构核定的工伤保险待遇有异议的。

【依据】《工伤保险条例》第 **55** 条。

7. 享受工伤医疗待遇。劳动者因工作遭受事故伤害或者患职业病进行治疗,享受工伤医疗待遇。在停工留薪期满后仍需治疗的,继续享受工伤医疗待遇。但是有下列情形之一的,停止享受工伤保险待遇:

(1)丧失享受待遇条件的;

(2)拒不接受劳动能力鉴定的;

(3)拒绝治疗的。

【依据】《社会保险法》第 43 条;《工伤保险条例》第 30 条第 1 款、第 33 条第 2 款、第 42 条。

三、用人单位的义务

1. 参加工伤保险并缴纳保险费。用人单位的这一主要义务对应于劳动者免费参加工伤保险的主要权利。用人单位必须依法参加工伤保险,为所属劳动者按时缴纳工伤保险费。

【依据】《职业病防治法》第 6 条第 1 款;《安全生产法》第 43 条;《工伤保险条例》第 10 条;《农民工问题若干意见》第 (17) 项;《农民工工伤保险通知》第 2 项;《农民工问题实施意见》"总体工作部署"第 (8) 项。

☞ 重点提示

> 用人单位分立、合并、转让的,承继单位应当承担原用人单位的工伤保险责任;原用人单位已经参加工伤保险的,承继单位应当到当地经办机构办理工伤保险变更登记。
>
> 用人单位实行承包经营的,工伤保险责任由劳动者的劳动关系所在单位承担。
>
> 劳动者被借调期间受到工伤事故伤害的,由原用人单位承担工伤保险责任,但原用人单位与借调单位可以约定补偿办法。
>
> 企业破产的,在破产清算时优先拨付依法应由单位支付的工伤保险待遇费用。

【依据】《工伤保险条例》第 43 条。

2. 具备相应的安全生产条件。企业取得安全生产许可证,应当依法参加工伤保险,为从业人员缴纳保险费。否则,不能取得安全生产许可证,不能从事生产活动。

【依据】《安全生产许可证条例》第 2、6 条。

3. 公示工伤保险情况。用人单位应当将参加工伤保险的有关情况在本单位内公示。

【依据】《劳动合同法》第 4 条第 4 款;《工伤保险条例》第 4 条第 1 款。

4. 解除或终止劳动合同时出具相关证明并办理工伤保险转移手续。用人单位应当在解除或者终止劳动合同时出具解除或者终止劳动合同的证明,并在 15 日内为劳动者办理档案和社会保险关系转移手续。

【依据】《劳动合同法》第50条第1款。

5. 遵守安全生产规定、减少职业危害和及时救治工伤劳动者。用人单位应当遵守有关安全生产和职业病防治的法律法规，执行安全卫生规程和标准，预防工伤事故发生，避免和减少职业病危害。

劳动者发生工伤时，用人单位应当采取措施使工伤劳动者得到及时救治。

【依据】《劳动法》第52条；《工伤保险条例》第4条第2、3款。

6. 劳动部门调查核实工伤时予以协助。社会保险行政部门受理工伤认定申请后，根据审核需要可以对事故伤害进行调查核实，有关单位和个人应当予以协助。用人单位、工会组织、医疗机构以及有关部门应当负责安排相关人员配合工作，据实提供情况和证明材料。

【依据】《工伤保险条例》第19条第1款；《工伤认定办法》第12条。

7. 特定情形下承担举证责任。当发生事故造成伤害时，劳动者或者其近亲属认为是工伤，用人单位不认为是工伤的，由用人单位承担举证责任。用人单位拒不举证的，劳动保障行政部门可以根据受伤害职工提供的证据依法作出工伤认定结论。

【依据】《工伤保险条例》第19条第2款；《工伤认定办法》第17条。

四、用人单位的相关法律责任

1. 用人单位未按时足额缴纳社会保险费的，由社会保险费征收机构责令其限期缴纳或者补足。

用人单位逾期仍未缴纳或者补足社会保险费的，社会保险费征收机构可以向银行或其他金融机构查询其存款账户；并可以申请县级以上有关行政部门作出划拨社会保险费的决定，书面通知其开户银行或者其他金融机构划拨社会保险费。用人单位账户余额少于应当缴纳的社会保险费的，社会保险费征收机构可以要求该用人单位提供担保，签订延期缴费协议。

用人单位未足额缴纳社会保险费且未提供担保的，社会保险费征收机构可以申请人民法院扣押、查封、拍卖其价值相当于应当缴纳社会保险费的财产，以拍卖所得抵缴社会保险费。

用人单位未按时足额缴纳社会保险费的，自欠缴之日起，按日加收5‰的滞纳金；逾期仍不缴纳的，由有关行政部门处欠缴数额1倍以上3倍以下的罚款。

【依据】《社会保险法》第63、86条。

2. 生产经营单位与从业人员订立协议，免除或者减轻其对从业人员因生产安全事故伤亡依法应承担的责任的，该协议无效；对生产经营单位的主要负责人、个人经营的投资人处2万元以上10万元以下的罚款。

【依据】《安全生产法》第 89 条。

3. 生产经营单位发生生产安全事故造成人员伤亡、他人财产损失的，应当依法承担赔偿责任；拒不承担或者其负责人逃匿的，由人民法院依法强制执行。

生产安全事故的责任人未依法承担赔偿责任，经人民法院依法采取执行措施后，仍不能对受害人给予足额赔偿的，应当继续履行赔偿义务；受害人发现责任人有其他财产的，可以随时请求人民法院执行。

【依据】《安全生产法》第 95 条。

4. 用人单位依照《工伤保险条例》应当参加工伤保险而未参加的，由社会保险行政部门责令改正；未参加工伤保险期间用人单位职工发生工伤的，由该用人单位按照《工伤保险条例》规定的工伤保险待遇项目和标准支付费用。

【依据】《工伤保险条例》第 62 条。

5. 造成劳动者工伤、医疗待遇损失的，除按国家规定为劳动者提供工伤、医疗待遇外，用人单位还应支付劳动者相当于医疗费用 25% 的赔偿费用。

【依据】《违反劳动合同赔偿办法》第 3 条。

五、农民工办理工伤保险的地点

（一）通常情形

通常情况下，劳动者应当由其用人单位到所在地的工伤保险经办机构办理工伤保险。但有下列几种例外情形：

1. 跨地区、生产流动性较大的行业，可以采取相对集中的方式异地参加统筹地区的工伤保险。具体办法由国务院劳动保障行政部门会同有关行业的主管部门制定。

【依据】《工伤保险条例》第 11 条第 2 款。

2. 劳动者被派遣出境工作，依据前往国家或者地区的法律应当参加当地工伤保险的，参加当地工伤保险，其国内工伤保险关系中止；不能参加当地工伤保险的，其国内工伤保险关系不中止。

【依据】《工伤保险条例》第 44 条。

3. 劳动者在两个或两个以上用人单位同时就业的，各用人单位应当分别在其所在地为劳动者缴纳工伤保险费。劳动者发生工伤，由受到伤害时其工作的单位依法承担工伤保险责任。

【依据】《工伤保险条例意见》第 1 项。

（二）针对农民工的特殊情形

由于农民工的流动性较大，绝大多数都属于跨越各级行政区划外出务工，所以，确定农民工办理、享受、接转工伤保险和治疗工伤的地点就是一个非常实际的问题。为此，有如下一些专门规定。

1. 用人单位注册地与生产经营地不在同一统筹地区的，原则上在注册地参加工伤保险。未在注册地参加工伤保险的，在生产经营地参加工伤保险。农民工受到事故伤害后，在参保地进行工伤认定、劳动能力鉴定，并按参保地的规定依法享受工伤保险待遇。用人单位在注册地和生产经营地均未参加工伤保险的，农民工受到事故伤害后，在生产经营地进行工伤认定、劳动能力鉴定，并按生产经营地的规定依法由用人单位支付工伤保险待遇。

【依据】《农民工工伤保险通知》第 3 项；《农民工"平安计划"通知》"配套政策"第（2）～（4）项；《建筑企业农民工工伤保险通知》第 3 项。

2. 跨地区流动就业的农民工，工伤后的长期待遇可试行一次性支付和长期支付两种方式，供工伤农民工选择，进一步方便农民工领取和享受工伤待遇。

【依据】《农民工"平安计划"通知》"配套政策"第（5）项。

3. 劳动者发生工伤后，应当在统筹地区的协议医疗机构进行治疗，病情危急时可送往就近医疗机构进行抢救；在统筹区域以外发生工伤的劳动者，可在事故发生地优先选择协议医疗机构治疗。

凡未在统筹地协议医疗机构救治的工伤劳动者，用人单位要及时向经办机构报告工伤劳动者的伤情及救治医疗机构的情况，并待病情稳定后转回统筹地区的协议医疗机构治疗。

【依据】《工伤保险医疗协议通知》第 2 项。

4. 为了使农民工能够确实享有工伤保险方面的权利，我国相关法律法规提供了一些制度上的保障。

（1）国家采取措施，建立健全劳动者社会保险关系跨地区转移接续制度。

（2）各级政府探索建立在注册地与生产经营地工伤保险经办机构之间的参保协查机制，以确认用人单位是否确实为所属劳动者办理了工伤保险。用人单位已在注册地为农民工办理了参保手续的，要向生产经营地工伤保险经办机构提供相关证明。用人单位未在注册地为农民工办理参保手续的，由生产经营地工伤保险经办机构根据协查结果，要求其在生产经营地为招用的农民工办理参加工伤保险手续。

【依据】《劳动合同法》第 49 条；《农民工问题实施意见》"总体工作部署"第（8）项；《农民工"平安计划"通知》"主要措施"第（2）项。

第三章　工伤认定

一、工伤的认定

具体认定工伤，包括以下三种情形：

（一）劳动者有下列情形之一的，应当认定为工伤

1. 在工作时间和工作场所内，因工作原因受到事故伤害的；

"工作时间"是指法律规定的或单位要求劳动者工作的时间。"工作场所"主要指劳动者日常工作所在的场所；如果因工作需要去其他地方受到伤害的，也应当认定为工伤。

2. 工作时间前后在工作场所内，从事与工作有关的预备性或者收尾性工作受到事故伤害的；

该情形主要是指在法律规定的或单位要求的开始工作时间之前，以及在法律规定的或单位要求的结束工作时间之后，劳动者在工作场所内从事与本职工作或领导指派的其他工作有关的工作。

3. 在工作时间和工作场所内，因履行工作职责受到暴力等意外伤害的；

4. 患职业病的；

5. 因工外出期间，由于工作原因受到伤害或者发生事故下落不明的；

6. 在上下班途中，受到非本人主要责任的交通事故或者城市轨道交通、客运轮渡、火车事故伤害的；

这里"上下班途中"既包括劳动者正常工作的上下班途中，也包括劳动者加班加点的上下班途中。"受到机动车事故伤害的"既可以是劳动者驾驶或乘坐的机动车发生事故造成的，也可以是劳动者因其他机动车事故造成的。

7. 法律、行政法规规定应当认定为工伤的其他情形。

【依据】《工伤保险条例》第 14 条；《工伤保险条例意见》第 2 项。

（二）劳动者有下列情形之一的，视同工伤

1. 在工作时间和工作岗位，突发疾病死亡或者在 48 小时之内经抢救无效死亡的；

这里"突发疾病"包括各类疾病；"48 小时"的起算时间，以医疗机构的初次诊断时间作为突发疾病的起算时间。

2. 在抢险救灾等维护国家利益、公共利益活动中受到伤害的；

3. 职工原在军队服役，因战、因公负伤致残，已取得革命伤残军人证，到用

人单位后旧伤复发的。

劳动者有上述第 1、2 项情形的,按照《工伤保险条例》的有关规定享受工伤保险待遇;有第 3 项情形的,按照《工伤保险条例》的有关规定享受除一次性伤残补助金以外的工伤保险待遇。

【依据】《工伤保险条例》第 15 条;《工伤保险条例意见》第 3 项。

(三) 劳动者有下列情形之一的,不得认定为工伤或者视同工伤

1. 故意犯罪的;
2. 醉酒或者吸毒的;
3. 自残或者自杀的;
4. 法律、行政法规规定的其他情形。

【依据】《社会保险法》第 37 条;《工伤保险条例》第 16 条。

【案例一】①

请阅读下表中的案例,并分析是否应认定为工伤。

事 件	是否应认定为工伤
某单位组织职工乘车集体外出参加文体活动,车行至途中发生交通事故,司机及大部分人都受伤。	
列车员甲随列车到达 A 站,客车准备完毕后,到库外吃早餐,返回车库途中,遭遇一男性歹徒持刀抢劫,造成身体损伤。	
工人乙负责打磨工作,在超负荷的工作过程中,加班时腰部不适,后疼痛严重,不能活动。门诊诊断为:腰病二年余,近期加重。	
丙由于长期从事宝石打磨,被诊断患有矽肺。	
丁代表公司参加篮球友谊赛,在激烈的对抗中受伤,导致左膝韧带断裂。	
戊是公司的技术骨干,接受指派去外地采购重要设备。任务完成后,对方安排戊在当地风景区旅游,途中不慎遭到歹徒抢劫,将戊刺成重伤。	

---

① 本章部分案例参考 2006 年 12 月武汉大学法学院举办的"公益诉讼的理念与技巧:工伤与职业病中的劳工权益保护"研讨会会议资料,有删改。

事　件	是否应认定为工伤
已从在建工地二楼摔下，当时送小诊所检查，本人主诉臀部着地受伤，未发现身体其他部位有外伤。6 天后突然昏迷不醒，医院诊断为特重型脑外伤。	

二、工伤认定的机构和申请人

（一）工伤认定的机构

我国工伤认定申请的管辖制度是以地域管辖与级别管辖相结合的管辖制度。工伤认定的申请应当向统筹地区社会保险行政部门提出。统筹地区的社会保险部门分为省级和设区的市级。按照规定应当由省级社会保险行政部门进行工伤认定的事项，根据属地原则由用人单位所在地的设区的市级社会保险行政部门办理。换言之，我国省级社会保险部门不直接承担工伤认定的具体工作。这一规定旨在弥补地域管辖的不足，减少当事人申请工伤认定的不便。

具体来说，已经参加工伤保险的用人单位的工伤认定一般由投保所在地设区的市级社会保险部门负责；如果用人单位参加的是省级工伤保险，则由用人单位所在地设区的市级社会保险行政部门负责；用人单位没有参加工伤保险的，也由用人单位所在地设区的市级社会保险行政部门负责工伤认定。直辖市的工伤认定则由区（县）级的社会保险行政部门负责。

【依据】《工伤保险条例》第 11 条第 1 款、第 17 条第 1、3 款；《工伤认定办法》第 4 条。

（二）工伤认定的申请人

1. 用人单位。用人单位是工伤认定的第一申请人。劳动者发生事故伤害或者按照职业病防治法规定被诊断、鉴定为职业病，用人单位应当自事故伤害发生之日或者被诊断、鉴定为职业病之日起 30 日内，提出工伤认定申请。遇有特殊情况，经报社会保险行政部门同意，申请时限可以适当延长。

2. 工伤职工或其近亲属。如用人单位未按规定提出工伤认定申请，则工伤职工或其近亲属在事故伤害发生之日或者被诊断、鉴定为职业病之日起 1 年内，可以直接提出工伤认定申请。

3. 工会。如用人单位未按规定提出工伤认定申请，则工会组织在事故伤害发生之日或者被诊断、鉴定为职业病之日起 1 年内，可以直接提出工伤认定申请。

"工会组织"包括职工所在用人单位的工会组织以及符合《工会法》规定的各级工会组织。

☞ **重点提示**

用人单位未按规定为职工提出工伤认定申请，受到事故伤害或者患职业病的职工或者其近亲属、工会组织提出工伤认定申请，不是必须要得到职工所在单位的同意（签字、盖章）。

【依据】《工伤保险条例》第17条第2款；《工伤保险条例意见》第4、5项。

三、申请工伤认定提交的材料

提出工伤认定申请应当填写《工伤认定申请表》和《工伤申报证据清单》，内容包括事故发生的时间、地点、原因以及职工伤害程度等基本情况和有关证据；工伤认定申请表的样式由劳动保障部统一制定。并提交下列材料：

1. 与用人单位存在劳动关系（包括事实劳动关系）的证明材料，如劳动合同文本复印件；

2. 受伤害劳动者的"居民身份证"复印件；

3. 医疗机构出具的受伤后诊断证明书或者职业病诊断证明书（或者职业病诊断鉴定书）；

4. 属于下列情况的还应提供相关证明材料：

（1）工作时间前后在工作场所内，从事与工作有关的预备性或收尾性工作受到事故伤害的，需提交上下班工作时间表及与预备性或收尾性工作内容相关的证明材料；

（2）因履行工作职责受到暴力伤害的，需提交公安机关的证明或人民法院的判决书以及其他有效证明；

（3）因工外出期间，由于工作原因遭受交通事故或者其他意外事故伤害的，需提交如"出差通知书"或者能证明因工外出的原始证明材料；

（4）因工外出期间，由于发生事故下落不明的，需提交人民法院宣告死亡的裁决书；

（5）在上下班途中受机动车事故伤害的，需提交上下班的作息时间表，单位至居住地的正常路线图，公安交通管理部门的责任认定书或其他有效证明；遇肇事者逃逸的，需提交公安交通管理部门的相关证明；个人驾驶机动车发生交通事故的，需提供机动车驾驶证；

（6）在从事抢险、救灾、救人等维护国家利益、公共利益的活动中受到伤害的，需提交单位或者县级政府民政部门、公安部门出具的相关证明；

（7）属于因公、因战致残的复员转业军人旧伤复发的，需提交《革命伤残军人证》、旧伤复发后医院的诊断证明和劳动鉴定委员会的鉴定结论；

（8）属于借用人员的，需提交双方单位的协议书、借用单位对事故调查的材料，并由劳动关系所在单位申报并提交劳动合同文本或其他建立劳动关系的有效证明；

（9）未参加工伤保险的，提供用人单位的营业执照或者工商行政部门的查询证明；

（10）近亲属代表伤亡劳动者提出工伤认定申请的，还需提交有效的委托证明、近亲属关系证明；

（11）单位工会组织代表伤亡劳动者提出工伤认定申请，还需提交单位工会介绍信，办理人身份证明。

5. 其他有关证明材料。

【依据】《工伤保险条例》第 18 条第 1、2 款；《工伤认定办法》第 6 条。

四、工伤认定的受理和调查核实

（一）工伤认定的受理

社会保险行政部门收到工伤认定申请后，应当在 15 日内对申请人提交的材料进行审核，材料完整的，作出受理或者不予受理的决定；材料不完整的，应当以书面形式一次性告知申请人需要补正的全部材料。社会保险行政部门收到申请人提交的全部补正材料后，应当在 15 日内作出受理或者不予受理的决定。

社会保险行政部门决定受理的，应当出具《工伤认定申请受理决定书》；决定不予受理的，应当出具《工伤认定申请不予受理决定书》。

劳动者或者其近亲属、用人单位对不予受理决定不服的，可以依法申请行政复议或者提起行政诉讼。

【依据】《工伤保险条例》第 18 条第 3 款；《工伤认定办法》第 7、8、23 条。

（二）工伤认定的调查核实

社会保险行政部门受理工伤认定申请后，根据审核需要可以对事故伤害和所提供的证据进行调查核实，有关单位和个人应当予以协助。用人单位、医疗机构、有关部门及工会组织应当负责安排相关人员配合工作，据实提供情况和证明材料。

社会保险行政部门在进行工伤认定时，对申请人提供的符合国家有关规定的职业病诊断证明书或者职业病诊断鉴定书,不再进行调查核实。职业病诊断证明书或者职业病诊断鉴定书不符合国家规定的格式和要求的,社会保险行政部门可以要求出具证据部门重新提供。

这一规定表明,职业病诊断结论和职业病诊断鉴定结论具有类似于工伤认定结论的效力,但职业病要被确认为工伤仍须经过工伤认定程序。

社会保险行政部门受理工伤认定申请后,可以根据工作需要,委托其他统筹地区的社会保险行政部门或相关部门进行调查核实。

社会保险行政部门工作人员进行调查核实,应出示执行公务的证件,由两名以上人员共同进行;可以行使下列职权:(1)根据工作需要,进入有关单位和事故现场;(2)依法查阅与工伤认定有关的资料,询问有关人员;(3)记录、录音、录像和复制与工伤认定有关的资料。同时负有下列义务:(1)保守有关单位商业秘密及个人隐私;(2)为提供情况的有关人员保密。

【依据】《工伤保险条例》第 19 条第 1 款;《工伤认定办法》第 9~15 条。

(三)工伤认定中的举证责任

劳动者或者其近亲属认为是工伤,用人单位不认为是工伤的,由该用人单位承担举证责任。用人单位拒不举证的,社会保险行政部门可以根据受伤害劳动者提供的证据依法作出工伤认定结论。

【依据】《工伤保险条例》第 19 条第 2 款;《工伤认定办法》第 17 条。

五、工伤认定的决定

(一)工伤认定决定的作出和送达

1. 社会保险行政部门应当自受理工伤认定申请之日起 60 日内作出工伤认定决定,包括工伤或视同工伤的认定决定和不属于工伤或不视同工伤的认定决定。社会保险行政部门对受理的事实清楚、权利义务明确的工伤认定申请,应当在 15 日内作出工伤认定的决定。

2. 工伤认定决定应当载明下列事项:

(1)用人单位全称;

(2)劳动者的姓名、性别、年龄、职业、身份证号码;

(3)受伤部位、事故时间和诊治时间或职业病名称、伤害经过和核实情况、医疗救治的基本情况和诊断结论;

(4)认定为工伤、视同工伤或认定为不属于工伤、不视同工伤的依据;

(5)不服认定决定申请行政复议或者提起行政诉讼的部门和时限;

(6)作出认定决定的时间。

工伤认定决定应加盖社会保险行政部门工伤认定专用印章。

社会保险行政部门应当自工伤认定决定作出之日起20个工作日内，将工伤认定决定送达工伤认定申请人以及受伤害劳动者（或其近亲属）和用人单位，并抄送社会保险经办机构。工伤认定法律文书的送达按照《民事诉讼法》有关送达的规定执行。

工伤认定结束后，社会保险行政部门应将工伤认定的有关资料至少保存50年。

【依据】《工伤保险条例》第20条；《工伤认定办法》第18~25条。

（二）其他规定

1. 社会保险行政部门工作人员与工伤认定申请人有利害关系的，应当回避。

劳动者或者其近亲属、用人单位对工伤认定决定不服的，可以依法申请行政复议或者提起行政诉讼。

【依据】《工伤保险条例》第20条第4款；《工伤认定办法》第23条。

2. 社会保险行政部门工作人员有下列情形之一的，依法给予行政处分；情节严重，构成犯罪的，依法追究刑事责任：

（1）无正当理由不受理工伤认定申请，或者弄虚作假将不符合工伤条件的人员认定为工伤职工的；

（2）未妥善保管申请工伤认定的证据材料，致使有关证据灭失的；

（3）收受当事人财物的。

【依据】《工伤保险条例》第57条。

六、非法用工情形

非法用工的工伤包括两种情形，一是指无营业执照或者未经依法登记、备案的单位以及被依法吊销营业执照或者撤销登记、备案的单位的劳动者因工受伤或者患上职业病，即用人单位本身的经营资格存在非法的情形；二是用人单位违法使用的童工出现伤残或死亡，即用人单位在招聘、使用劳动者方面存在非法的情形。

【依据】《工伤保险条例》第66条第1款。

值得注意的是，在非法用工情形下，双方当事人并不成立有效的劳动关系，我国劳动法的调整范围是特定的用人单位与劳动者之间的劳动关系，该范围之外的雇佣关系严格意义上讲不属于劳动法的调整范畴。但为了更好保护劳动者，避免不法分子利用调整范围的差异让劳动者承受不利后果，《非法用工单位伤亡人员一次性赔偿办法》适当扩大了保护范围，对于部分雇佣关系中受到事故伤害或患职业病的职工或童工给予特别保护。

另外，《非法用工单位伤亡人员一次性赔偿办法》并没有针对非法用工情形下当事人是否需要工伤认定作出规定，但是在实践中，当事人一定要进行劳动能力鉴定，否则无法计算赔偿数额。此类案件的当事人申请仲裁之前或申请过程中仍应考虑向当地社会保险行政部门申请工伤认定，以免出现有关部门以未经工伤认定为由驳回申诉或诉讼请求的情况。

七、工伤认定流程图

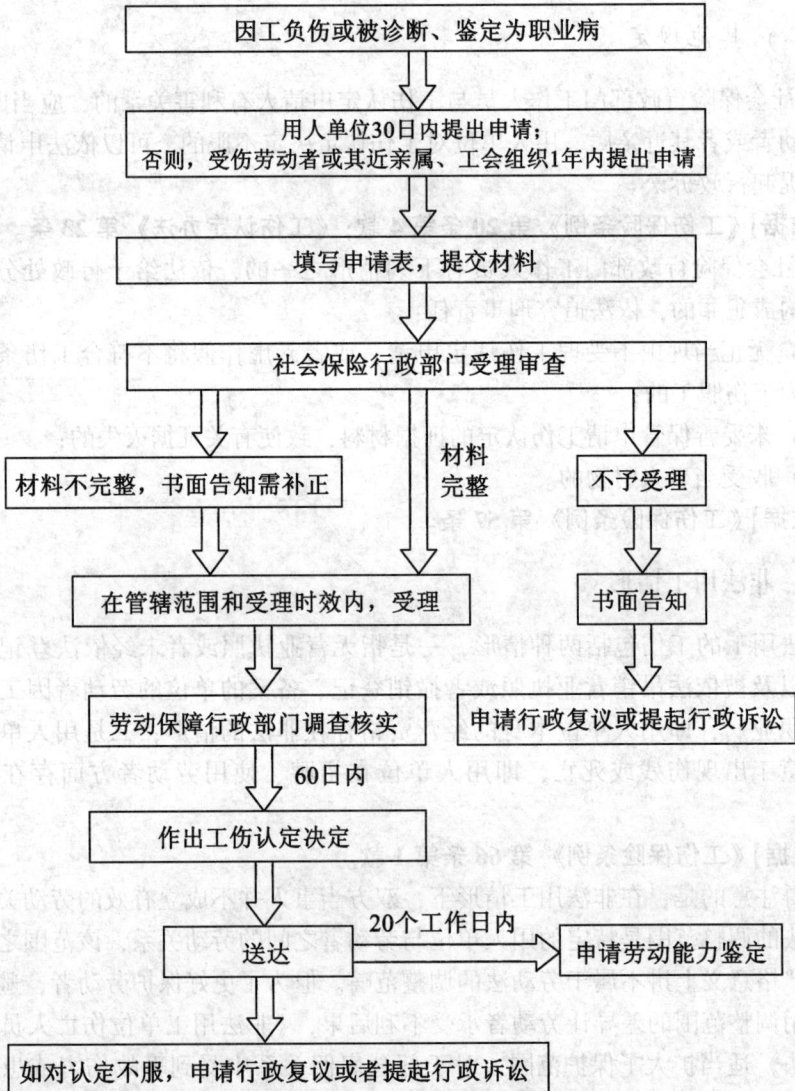

因工负伤或被诊断、鉴定为职业病

↓

用人单位30日内提出申请；
否则，受伤劳动者或其近亲属、工会组织1年内提出申请

↓

填写申请表，提交材料

↓

社会保险行政部门受理审查

↓

材料不完整，书面告知需补正　　　材料完整　　　不予受理

↓　　　↓　　　↓

在管辖范围和受理时效内，受理　　　书面告知

↓　　　↓

劳动保障行政部门调查核实　　　申请行政复议或提起行政诉讼

60日内
↓

作出工伤认定决定

↓

送达　→（20个工作日内）→　申请劳动能力鉴定

↓

如对认定不服，申请行政复议或者提起行政诉讼

【案例二】

乙在一家化工厂打工一年有余，某日在搬运货物时，被货物砸为重伤，送院治疗。

问题：

1. 乙与化工厂没有签订用工合同，二者之间是否构成劳动关系？如不是劳动关系，是什么法律关系？

2. 乙要求化工厂向劳动保障行政部门（以下简称"劳动部门"）提出工伤认定申请，被化工厂拒绝，乙应该如何进行工伤认定？

3. 乙向劳动部门提出工伤认定申请，劳动部门要求先就构成劳动关系进行劳动仲裁，没有劳动合同，乙用什么证据证明存在劳动关系？

4. 乙在受伤3个月时，向劳动部门提出工伤认定申请，并初步提交材料，劳动部门认为材料不全，应当告知乙哪些内容？如果劳动部门审查材料后，书面告知乙申请不予受理，乙不服应当如何提出异议？

5. 如果劳动部门受理申请之后，化工厂认为乙之所以被砸伤，是因为自己工作的疏忽，不应认定为工伤，乙如何证明自身并非出于疏忽？劳动部门应当在多少个工作日内作出决定？

6. 如果劳动部门认为不构成工伤，乙是否可以提起行政诉讼？

7. 如果劳动部门最后认定乙构成工伤，那么乙是否可以直接要求享受工伤保险待遇？

8. 如果乙被认定为工伤，可以享受工伤待遇，但是却与化工厂就具体数额不能达成一致，乙应当在多少日之内提起劳动争议仲裁？

9. 如果乙在申请工伤认定的时候，发现其工作的化工厂一直没有营业执照，那么乙应该怎么办？

☞ **案例解析**①

【案例一】

1. 认定结论：给予单位的专职司机认定工伤，其他受伤职工不予认定工伤。

一般来讲，旅游活动不涉及工作而主要是企业给予职工的一种福利，因此旅游活动中发生的意外伤害不属于工伤范围。但是司机是因工作原因即开车受伤，应予认定，而其他职工不是因工作原因受伤，不予认定。

---

① 感谢广东瀚诚律师事务所律师彭小坤和罗静波对本章的案例解析和其他部分内容作出的贡献。

2. 认定结论：不予认定。

甲遭遇抢劫发生的伤害，不是由于工作原因引起的。甲在列车到站之后，完成了客车准备的工作，外出吃早点，在返回的途中遭遇抢劫伤害。根据《工伤保险条例》第14条第（5）项的规定"因工外出期间，由于工作原因受到伤害或者发生事故下落不明的"应当认定为工伤，甲遭遇抢劫致伤事件与工作无关，不予认定工伤。

3. 认定结论：不予视同工伤。

腰病两年余说明乙腰部疼痛的症状，并非工作过程中受到了事故伤害造成的，而是其本身原有的疾病在工作中突发造成的。因此，根据《工伤保险条例》第15条第1款的规定，不予视同工伤。

4. 认定结论：应当认定工伤。

矽肺属于职业病，职业病属于工伤的一种形式。

5. 认定结论：应该认定为工伤。

对于丁是否认定为工伤，存在两种截然不同的意见，一种意见认为本来就是娱乐，又不是工作，所以不能认定为工伤；另一种意见则认为虽然是一种娱乐活动，但却是公司组织的一项集体活动，是企业文化建设的一项内容，应当认定为工伤。

后一种意见正确。所谓工作原因并非只包含自己的专职工作，工作时间并非只指平常固定的上班时间，工作场所也并非只是固定意义（狭义）上的办公地点、上班地点（如车间、办公室）。只要是用人单位从自身利益出发给职工安排的与公务有关的各项任务，都可以视为工作。

丁积极参加单位组织的篮球友谊赛，是积极投身企业文化建设，可以说是积极工作的表现。丁为此受伤，应该说是在工作时间和工作地点，因为工作原因而受伤，应该认定为工伤。

6. 认定结论：应当认定为工伤。

戊在单位安排的情况下到外地出差，又是在与合作伙伴洽谈业务的过程中接受合作伙伴的活动安排而遭遇伤害，虽然是旅游活动，但是与工作密切相关，根据《工伤保险条例》第14条第（5）项，符合工伤认定的范围。

7. 认定结论：认定为工伤。

主要基于以下原因：（1）认定遵循反举证原则，单位承认受伤事实，但无法出具证明证实受伤人的脑伤不是在工作中发生的同一次伤害造成的；（2）医院的诊断是脑外伤，伤后6天属于脑部发病的合理期限。

【案例二】

1. 构成事实劳动关系。

2. 如果化工厂30日内不提出申请，乙或其近亲属、化工厂的工会组织可以在

1 年内向用人单位所在地统筹地区社会保险行政部门提出申请。

3. 工作制服、工资条、工资用银行卡、银行存折出入证明、工资签名表等均可以证明存在劳动关系。如没有工资签名表，可以找负责财务的人复印。如果以上证据均无法取得，详细描述受伤的地点和过程，也可使仲裁员采信存在事实劳动关系。

4. 尚缺的材料明细，并告知在 15 个工作日内补正；申请行政复议或提起行政诉讼。

5. 乙无须证明自己不是出于疏忽，根据《工伤保险条例》第 19 条，如果用人单位主张不是工伤的，应当由用人单位承担举证责任，用人单位拒不举证的，劳动保障部门可以依据劳动者提供的证据依法作出工伤认定结论；劳动保障部门应当在 60 日①内作出决定。

6. 可以。根据《工伤认定办法》第 23 条："职工或者其近亲属、用人单位对不予受理决定不服或者对工伤认定决定不服的，可以依法申请行政复议或者提起行政诉讼。"

7. 不可以，乙应当在收到工伤认定决定的 20 个工作日内提起劳动能力鉴定。如果不进行劳动能力鉴定，无法确认其工伤保险待遇的标准。

8. 1 年。《劳动争议调解仲裁法》第 27 条规定，劳动争议申请仲裁的时效期间为 1 年。仲裁时效期间从当事人知道或者应当知道其权利被侵害之日起计算。前款规定的仲裁时效，因当事人一方向对方当事人主张权利，或者向有关部门请求权利救济，或者对方当事人同意履行义务而中断。从中断时起，仲裁时效期间重新计算。

因不可抗力或者有其他正当理由，当事人不能在本条第 1 款规定的仲裁时效期间申请仲裁的，仲裁时效中止。从中止时效的原因消除之日起，仲裁时效期间继续计算。

9. 此种情况化工厂的行为已构成非法用工，根据《非法用工伤亡赔偿办法》，无营业执照或者未经依法登记、备案的单位以及被依法吊销营业执照或者撤销登记、备案的单位的职工受到事故伤害或者患职业病的，由该单位向伤残职工或者死亡职工的近亲属给予一次性赔偿……前款规定的伤残职工或者死亡职工的近亲属就赔偿数额与单位发生争议的……按照处理劳动争议的有关规定处理。乙应当进行劳动能力鉴定并提起劳动争议仲裁并要求化工厂作出不低于工伤保险待遇的一次性赔偿。

---

① 注意不是工作日。

第四章　劳动能力鉴定

在工伤事故中受到损害或患上职业病的劳动者经过治疗，可能痊愈，也可能会残疾，导致失去部分或全部劳动能力。这时，就需要对其进行劳动能力鉴定或称为伤残鉴定。另外，停工留薪超过一定时限的、旧伤复发的、工亡劳动者亲属完全丧失劳动能力享受抚恤待遇的和工亡劳动者安装辅助器具的，也需进行劳动能力鉴定。

一、劳动能力鉴定及其标准

（一）劳动能力鉴定

劳动能力鉴定是指相关机构对劳动者身体或精神所受到的损害导致本人工作能力减弱状况所作的专业性结论意见或证明①，《工伤保险条例》将之定义为"劳动功能障碍程度和生活自理障碍程度的等级鉴定"。劳动者发生工伤，经治疗伤情相对稳定后存在残疾、影响劳动能力的，应当进行劳动能力鉴定。劳动功能障碍分为十个伤残等级，最重的为一级，最轻的为十级。生活自理障碍分为三个等级：生活完全不能自理、生活大部分不能自理和生活部分不能自理。

劳动能力鉴定标准由国务院社会保险行政部门会同国务院卫生行政部门等部门制定。在该标准颁布前，暂按照《职工工伤与职业病致残程度鉴定标准》（GB/T16180—1996）（以下简称为《工伤致残标准》）执行。

【依据】《工伤保险条例》第 **21**、**22** 条；《关于劳动能力鉴定有关问题的通知》（劳社部发〔**2003**〕**25** 号，劳动和社会保障部、人事部、卫生部、中华全国总工会、中国企业联合会 **2003** 年 **9** 月 **26** 日发布）。

（二）标准

职工工伤与职业病致残程度鉴定，是指有关授权机构对劳动者在职业活动中因工负伤或患职业病后，于国家社会保险法规所规定的医疗期满时通过医学检查对伤残失能程度作出的判定结论。目前，我国在劳动能力鉴定方面适用的是国家标准《工伤致残标准》。该标准根据器官损伤、功能障碍、医疗依赖及护理依赖四个方面将工伤、职业病伤残程度分解为五个门类，划分为十个等级 470 个条目，是工伤、职业病患者于国家社会保险法规所规定的医疗期满后进行医学技术鉴定的准则和依据。根据该标准，伤残等级划分如下：

---

① 参见郑尚元：《工伤保险法律制度研究》，北京大学出版社 2004 年版，第 89 页。

等级	评 定 标 准
一级	器官缺失或功能完全丧失，其他器官不能代偿，存在特殊医疗依赖，生活完全或大部分不能自理。共 12 种情形。
二级	器官严重缺损或畸形，有严重功能障碍或并发症，存在特殊医疗依赖，或生活大部分不能自理。共 34 种情形。
三级	器官严重缺损或畸形，有严重功能障碍或并发症，存在特殊医疗依赖，或生活部分不能自理。共 37 种情形。
四级	器官严重缺损或畸形，有严重功能障碍或并发症，存在特殊医疗依赖，生活可以自理者。共 58 种情形。
五级	器官大部分缺损或明显畸形，有较重功能障碍或并发症，存在一般医疗依赖，生活能自理者。共 60 种情形。
六级	器官大部分缺损或明显畸形，有中等功能障碍或并发症，存在一般医疗依赖，生活能自理者。共 55 种情形。
七级	器官大部分缺损或畸形，有轻度功能障碍或并发症，存在一般医疗依赖，生活能自理者。共 59 种情形。
八级	器官部分缺损，形态异常，轻度功能障碍，有医疗依赖，生活能自理者。共 61 种情形。
九级	器官部分缺损，形态异常，轻度功能障碍，无医疗依赖，生活能自理者。共 43 种情形。
十级	器官部分缺损，形态异常，无功能障碍，无医疗依赖，生活能自理者。共 51 种情形。

其中，生活自理情况取决于护理依赖的程度。护理依赖指伤、病致残者因生活不能自理需依赖他人护理的状况。生活自理范围主要包括下列五项：（1）进食；（2）翻身；（3）大、小便；（4）穿衣、洗漱；（5）自我移动。护理依赖的程度分为三级：（1）完全护理依赖，指生活不能自理，上述五项均需护理者；（2）大部分护理依赖，指生活大部分不能自理，上述五项中三项需要护理者；（3）部分护理依赖，指部分生活不能自理，上述五项中一项需要护理者。

【依据】《职工工伤与职业病致残程度鉴定标准》（GB/T16180—1996）。

二、劳动能力鉴定程序

1. 申请劳动能力鉴定。劳动能力鉴定采"不告不理"原则，由用人单位、工伤职工或者其近亲属向设区的市级劳动能力鉴定委员会提出申请，并提供工伤认定决定和劳动者工伤医疗的有关资料。

【依据】《工伤保险条例》第 23 条。

工伤认定程序实际上是劳动能力鉴定程序的前置程序。工伤认定的目的是决定劳动者能否享受工伤保险待遇，劳动能力鉴定的目的则是决定劳动者能够享受什么样的工伤保险待遇。

2. 费用承担。对于劳动能力鉴定费用的负担，目前并没有明确具体的规定。但根据《工伤保险条例》和某些地方性法规（如《湖北省工伤保险实施办法》）的有关规定，一般而言，初次劳动能力鉴定所需费用，参加了工伤保险的由工伤保险基金支付；未参加工伤保险的由用人单位支付。用人单位或个人申请再次鉴定的，由申请方预交鉴定费，再次鉴定结论与初次鉴定结论一致的，或者再次鉴定结论认为丧失劳动能力的原因与工伤无因果关系的，鉴定费用由申请方承担；再次鉴定结论与初次鉴定结论不一致的，鉴定费用由统筹地区的工伤保险基金支付。

【依据】《工伤保险条例》第 12 条第 1 款；《湖北省工伤保险实施办法》第 26 条。

3. 作出鉴定结论。设区的市级劳动能力鉴定委员会收到劳动能力鉴定申请后，应当依法组成专家组，由专家组提出鉴定意见；然后根据这一鉴定意见作出工伤劳动者劳动能力鉴定结论；必要时，可以委托具备资格的医疗机构协助进行有关的诊断。

设区的市级劳动能力鉴定委员会应当自收到劳动能力鉴定申请之日起 60 日内作出劳动能力鉴定结论，必要时，作出劳动能力鉴定结论的期限可以延长 30 日。劳动能力鉴定结论应当及时送达申请鉴定的单位和个人。

劳动能力鉴定委员会组成人员或参加鉴定的专家与当事人有利害关系的，应当回避。

【依据】《工伤保险条例》第 25、27 条。

4. 申请再次鉴定。申请鉴定的单位或者个人对设区的市级劳动能力鉴定委员会作出的鉴定结论不服的，可以在收到该鉴定结论之日起 15 日内向省、自治区、直辖市劳动能力鉴定委员会提出再次鉴定申请。省、自治区、直辖市劳动能力鉴定委员会作出的劳动能力鉴定结论为最终结论。

【依据】《工伤保险条例》第 26 条。

这条规定实际上涉及劳动能力鉴定结论的可诉性问题，即该鉴定结论是不可诉的。不服者只能申请再次鉴定，且第二次鉴定结论为最终结论。工伤认定是行政部门作出的具体行政行为，是可诉的；而劳动能力鉴定结论则似乎应当是由社会中介机构作出的专业医学鉴定，是不可诉的，只能申请再次鉴定或重新鉴定。但目前我国的劳动能力鉴定委员会依附于劳动行政部门，而且，劳动能力鉴定结论也是由劳动行政部门根据劳动能力鉴定委员会所出具的鉴定意见作出的，似乎又应当属于可诉的具体行政行为范畴。同样的情形也存在于职业病诊断的鉴定程序中，但卫生部门和劳动部门的做法又略有不同。当事人对职业病诊断有异议的，可以向作出诊断的医疗卫生机构所在地的卫生部门申请鉴定，设区的市级以上卫生部门组织职业病鉴定委员会进行鉴定（职业病鉴定委员会同样附属于卫生行政部门）；对职业病诊断的鉴定结论不服的，只能申请省级卫生行政部门再鉴定，而不能申请行政复议或提起行政诉讼。

5. 申请复查鉴定。自劳动能力鉴定结论作出之日起 1 年后，工伤劳动者或者其近亲属、所在单位或者经办机构认为伤残情况发生变化的，可以申请劳动能力复查鉴定。

【依据】《工伤保险条例》第 28 条。

这一规定在一定程度上可以消除伤残程度和劳动能力鉴定结论一经确定终其一身的现象，使工伤劳动者的伤残情况变化与工伤保险待遇的调整有机地结合了起来。如尘肺病就是一种随着时间的延长而不断恶化直至死亡的疾病。

三、劳动能力鉴定流程图

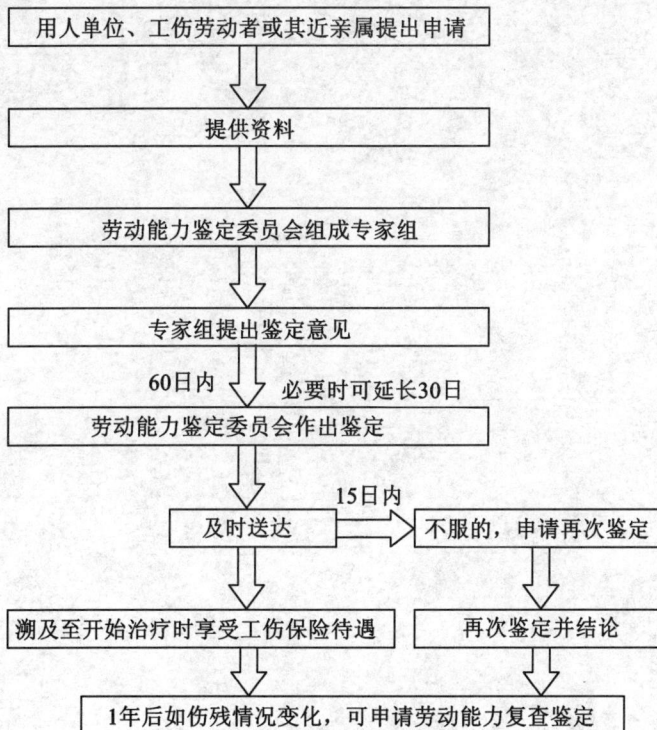

用人单位、工伤劳动者或其近亲属提出申请

提供资料

劳动能力鉴定委员会组成专家组

专家组提出鉴定意见

60日内　　必要时可延长30日

劳动能力鉴定委员会作出鉴定

及时送达　15日内　不服的，申请再次鉴定

溯及至开始治疗时享受工伤保险待遇　　再次鉴定并结论

1年后如伤残情况变化，可申请劳动能力复查鉴定

《工伤保险条例》实施的实践证明，工伤维权程序冗长，成为工伤维权的主要障碍。《社会保险法》规定："工伤认定和劳动能力鉴定应当简捷、方便。"这一方向性规定确立了工伤认定和劳动能力鉴定简捷、方便原则，但仍然需要细化。

【依据】《社会保险法》第36条第2款。

第五章　工伤保险待遇

工伤保险待遇是工伤保险制度的主体内容，从程序上看，工伤认定和劳动能力鉴定的目的都是为了最终确定工伤保险待遇。理论上，狭义的工伤保险待遇应当由社会保险经办机构提供，即根据工伤劳动者所受到的人身伤害程度、劳动能力降低和医疗诊治情况等因素，确定给予工伤劳动者的物质性帮助。广义的工伤保险待遇则还包括了有关法律法规强制用人单位向工伤劳动者提供的某些特定待遇，如劳动者住院治疗工伤期间的伙食补助费、外出治疗工伤的交通食宿费用等。我国《工伤保险条例》采广义说，将工伤保险待遇分为工伤医疗待遇（包括停工留薪待遇）、因工伤残待遇、因工死亡待遇和职业病待遇。其中，职业病待遇将在第六节详述。

一、工伤医疗待遇

工伤医疗待遇是指劳动者在工伤医疗期间所享有的待遇。劳动者因工作遭受事故伤害或者患职业病进行治疗，享受工伤医疗待遇；工伤劳动者治疗非工伤引发的疾病，不享受工伤医疗待遇，按照基本医疗保险办法处理。在我国，工伤医疗期属于法定期限，由《工伤保险条例》第 33 条所规定，基本上与停工留薪期重合。因此，我国的工伤医疗待遇包括了停工留薪待遇。根据该条规定，工伤医疗期一般限定在 12 个月以内，特定情形下可以适当延长，但延长不得超过 24 个月。

1. 治疗机构。劳动者治疗工伤应当在统筹地区签订服务协议的医疗机构就医，情况紧急时可以先到就近的医疗机构急救。在统筹区域以外发生工伤的劳动者，可在事故发生地优先选择协议医疗机构治疗。

凡未在统筹地协议医疗机构救治的工伤劳动者，用人单位要及时向经办机构报告工伤劳动者的伤情及救治医疗机构的情况，并待病情稳定后转回统筹地区的协议医疗机构治疗。

工伤劳动者因旧伤复发需要治疗的，用人单位凭协议医疗机构的诊断证明，向经办机构申请并经核准后列入工伤保险医疗服务管理范围。

【依据】《工伤保险条例》第 30 条第 2 款；《工伤保险医疗协议通知》第 2 项。

2. 治疗和康复费用。治疗工伤所需费用（包括康复性治疗的费用）符合工伤保险诊疗项目目录、工伤保险药品目录、工伤保险住院服务标准的，包括劳动者工伤认定前已由医疗保险基金、用人单位或劳动者个人垫付的工伤医疗费用，由经办机构从工伤保险基金中按规定予以支付。工伤保险诊疗项目目录、工伤保险药品目录、工伤保险住院服务标准，由国务院社会保险行政部门会同国务院卫生行政部门、药品监督管理部门等部门规定。

对于工伤劳动者治疗非工伤疾病所发生的费用、符合出院条件拒不出院继续发生的费用，未经经办机构批准自行转入其他医疗机构治疗所发生的费用和其他违反工伤保险有关规定的费用，工伤保险基金不予支付。

【依据】《工伤保险条例》第30条第3、6款；《工伤保险医疗协议通知》第4项。

3. 有关费用。职工住院治疗工伤的伙食补助费，以及经医疗机构出具证明，报经办机构同意，工伤职工到统筹地区以外就医所需的交通、食宿费用由工伤保险基金支付，基金支付的具体标准由统筹地区人民政府规定。

【依据】《工伤保险条例》第30条第4款。

4. 工伤保险待遇的享受期间。《工伤保险条例》规定了一些期限制度，唯独没有规定工伤保险待遇享受的期限或期日。根据相应条款可以判断享受待遇的时间：工伤医疗待遇从接受治疗起；伤残待遇从劳动能力鉴定作出当月起；因工死亡待遇从死亡起。

5. 停工留薪待遇。劳动者因工作遭受事故伤害或者患职业病需要暂停工作接受工伤医疗的，在停工留薪期内，原工资福利待遇不变，由所在单位按月支付。

停工留薪期一般不超过12个月。伤情严重或者情况特殊，经设区的市级劳动能力鉴定委员会确认，可以适当延长，但延长不得超过12个月。工伤劳动者评定伤残等级后，停发原待遇，按照本章的有关规定享受伤残待遇。工伤劳动者在停工留薪期满后仍需治疗的，继续享受工伤医疗待遇。

生活不能自理的工伤劳动者在停工留薪期需要护理的，由所在单位负责。

【依据】《工伤保险条例》第33条。

6. 旧伤复发。工伤劳动者工伤复发，确认需要治疗的，可享受上述《工伤保险条例》规定的工伤待遇。

用人单位、工伤劳动者、经办机构因治疗旧伤复发需要治疗发生争议的，须凭协议医疗机构的诊断证明，经劳动能力鉴定委员会鉴定后确认。

【依据】《工伤保险条例》第38条；《工伤保险医疗协议通知》第2项。

二、因工伤残待遇

因工伤残待遇是指劳动者在工伤治疗结束并经劳动能力鉴定机构作出劳动能力鉴定结论后，根据其伤残等级所享受的社会保险待遇，由经办机构从工伤保险基金中支付。劳动者在工伤治疗期间结束后，经过劳动能力鉴定，即开始享受因工伤残待遇。我国《工伤保险条例》规定了如下几项因工伤残待遇：

1. 辅助器具的安装。工伤劳动者因日常生活或者就业需要，经劳动能力鉴定委员会确认，可以安装假肢、矫形器、假眼、假牙和配置轮椅等辅助器具，所需费用按照国家规定的标准由工伤保险基金支付。但是，目前还未出台关于辅助器具配置的国家标准。

【依据】《工伤保险条例》第 32 条。

2. 生活护理费。工伤劳动者已经评定伤残等级并经劳动能力鉴定委员会确认需要生活护理的，从工伤保险基金按月支付生活护理费。

生活护理费按照生活完全不能自理、生活大部分不能自理或者生活部分不能自理 3 个不同等级支付，其标准分别为统筹地区上年度职工月平均工资的 50%、40% 或者 30%。

【依据】《工伤保险条例》第 34 条。

3. 一次性伤残补助金。一次性伤残补助金一般是指职工因工负伤或患职业病，由劳动能力鉴定机构确认致残和进行劳动能力鉴定后，从工伤保险基金按其伤残程度一次性给付的补偿。

（1）劳动者因工致残被鉴定为一级至四级伤残的，保留劳动关系，退出工作岗位，从工伤保险基金按伤残等级支付一次性伤残补助金，标准为：一级伤残为 27 个月的本人工资，二级伤残为 25 个月的本人工资，三级伤残为 23 个月的本人工资，四级伤残为 21 个月的本人工资；

（2）劳动者因工致残被鉴定为五级、六级伤残的，从工伤保险基金按伤残等级支付一次性伤残补助金，标准为：五级伤残为 18 个月的本人工资，六级伤残为 16 个月的本人工资；

（3）劳动者因工致残被鉴定为七级至十级伤残的，从工伤保险基金按伤残等级支付一次性伤残补助金，标准为：七级伤残为 13 个月的本人工资，八级伤残为 11 个月的本人工资，九级伤残为 9 个月的本人工资，十级伤残为 7 个月的本人工资。

需要注意的是，在劳动者享受一次性伤残补助金方面有一项例外性规定，即劳动者原在军队服役，因战、因公负伤致残，已取得革命伤残军人证，到用人单位后旧伤复发的不能享受一次性伤残补助金待遇，但可以依法享受定期性的工伤保险待遇。这是因为国家对持有革命军人伤残证的伤残军人已经给付了一次性伤残补助，所以他们不能重复取得。

【依据】《工伤保险条例》第 15、35、36、37 条。

4. 定期伤残津贴和其他有关待遇。定期伤残津贴是指工伤保险经办机构依法按一定标准，定期、连续发给工伤劳动者的生活补助。这项待遇对于劳动者而言至关重要，是工伤劳动者维持其基本生活的主要来源。目前，这项待遇只适用于被评为一级至六级伤残的工伤劳动者：

（1）劳动者因工致残被鉴定为一级至四级伤残的，保留劳动关系，退出工作岗位，从工伤保险基金按月支付伤残津贴，标准为：一级伤残为本人工资的 90%，二级伤残为本人工资的 85%，三级伤残为本人工资的 80%，四级伤残为本人工资的 75%。伤残津贴实际金额低于当地最低工资标准的，由工伤保险基金补足差额；

用人单位和职工个人以伤残津贴为基数，缴纳基本医疗保险费；

工伤劳动者达到退休年龄并办理退休手续后，停发伤残津贴，享受基本养老保险待遇。基本养老保险待遇低于伤残津贴的，由工伤保险基金补足差额。

（2）劳动者因工致残被鉴定为五级、六级伤残的，保留与用人单位的劳动关系，由用人单位安排适当工作。难以安排工作的，由用人单位按月发给伤残津贴，标准为：五级伤残为本人工资的 70%，六级伤残为本人工资的 60%，并由用人单位按照规定为其缴纳应缴纳的各项社会保险费。伤残津贴实际金额低于当地最低工资标准的，由用人单位补足差额。

需要注意的是，一至四级伤残的劳动者其伤残津贴由工伤保险基金支付，而五级至六级伤残的劳动者其伤残津贴由用人单位支付。

【依据】《工伤保险条例》第 35、36 条。

☞ **重点提示**

> 对农民工的特别规定
>
> 对跨省流动的农民工，即户籍不在参加工伤保险统筹地区（生产经营地）所在省（自治区、直辖市）的农民工，一级至四级伤残长期待遇的支付，可实行一次性支付和长期支付两种方式，供农民工选择。

【依据】《农民工工伤保险通知》第 4 项。

5. 一次性医疗补助金和就业补助金。该项补助金针对五级至十级伤残的劳动者发放，前提是他们与用人单位解除劳动关系。这一部分工伤劳动者生活能够自理，只是大部分或部分丧失劳动能力，仍保留参与就业的权利。

（1）劳动者因工致残被鉴定为五级、六级伤残的，经其本人提出，可以与用人单位解除或者终止劳动关系，由工伤保险基金支付一次性工伤医疗补助金，由用人单位支付一次性伤残就业补助金。

（2）劳动者因工致残被鉴定为七级至十级伤残的，劳动合同期满终止，或者其本人提出解除劳动合同的，由工伤保险基金支付一次性工伤医疗补助金，由用人单位支付一次性伤残就业补助金。

上述具体标准均由省、自治区、直辖市人民政府规定。

【依据】《工伤保险条例》第 36、37 条。

三、因工死亡待遇

（一）因工死亡待遇的种类

因工死亡待遇是指劳动者因工伤事故导致死亡的，社会保险经办机构向其所供养的亲属支付的相关待遇。该项待遇包括丧葬补助金、供养亲属抚恤金和一次性工亡补助金：

1. 丧葬补助金为 6 个月的统筹地区上年度劳动者月平均工资。

2. 供养亲属抚恤金按照劳动者本人工资的一定比例发给由因工死亡劳动者生前提供主要生活来源、无劳动能力的亲属。标准为：配偶每月 40%，其他亲属每人每月 30%，孤寡老人或者孤儿每人每月在上述标准的基础上增加 10%。核定的各供养亲属的抚恤金之和不应高于因工死亡劳动者生前的工资。供养亲属的具体范围由国务院社会保险行政部门规定。

3. 一次性工亡补助金标准为上一年度全国城镇居民人均可支配收入的 20 倍。

因工死亡包括因工伤事故立即死亡和在停工留薪期内因工伤死亡以及一级至四级伤残劳动者在停工留薪期满后死亡三种情形，最后一种情形的近亲属只能享受上述第 1 项和第 2 项的待遇。

【依据】《工伤保险条例》第 39 条。

（二）宣告工亡待遇

这是一种特殊的因工死亡待遇。劳动者因工外出期间发生事故或者在抢险救灾中下落不明的，从事故发生当月起 3 个月内照发工资，从第 4 个月起停发工资，由工伤保险基金向其供养亲属按月支付供养亲属抚恤金。生活有困难的，可以预支一次性工亡补助金的 50%。劳动者被人民法院宣告死亡的，则依法享受正常的因工死亡待遇。

【依据】《工伤保险条例》第 41 条。

（三）因工死亡劳动者供养亲属的范围

1. 因工死亡劳动者供养亲属，是指该劳动者的配偶、子女、父母、祖父母、外祖父母、孙子女、外孙子女、兄弟姐妹。"子女"，包括婚生子女、非婚生子女、养子女和有抚养关系的继子女，其中，婚生子女、非婚生子女包括遗腹子女；"父母"，包括生父母、养父母和有抚养关系的继父母；"兄弟姐妹"，包括同父母的兄弟姐妹、同父异母或者同母异父的兄弟姐妹、养兄弟姐妹、有抚养关系的继兄弟姐妹。这些人员的身份即其享受抚恤金待遇的资格，由统筹地区社会保险经办机构核定。

2. 以上列举的人员，依靠因工死亡劳动者生前提供主要生活来源，并有下列情形之一的，可按规定申请供养亲属抚恤金：

（1）完全丧失劳动能力的；

（2）工亡劳动者配偶男年满 60 周岁、女年满 55 周岁的；

（3）工亡劳动者父母男年满 60 周岁、女年满 55 周岁的；

（4）工亡劳动者子女未满 18 周岁的；

（5）工亡劳动者父母均已死亡，其祖父、外祖父年满 60 周岁，祖母、外祖母年满 55 周岁的；

（6）工亡劳动者子女已经死亡或完全丧失劳动能力，其孙子女、外孙子女未满 18 周岁的；

（7）工亡劳动者父母均已死亡或完全丧失劳动能力，其兄弟姐妹未满 18 周岁的。

因工死亡劳动者供养亲属的劳动能力鉴定，由其生前单位所在地设区的市级劳动能力鉴定委员会负责。

3. 满足上述条件领取抚恤金的人员如出现下列情形之一的，停止享受抚恤金待遇：

（1）年满 18 周岁且未完全丧失劳动能力的；

（2）就业或参军的；

（3）工亡劳动者配偶再婚的；

（4）被他人或组织收养的；

（5）死亡的。

【依据】《因工死亡职工供养亲属范围规定》第 2~4、6 条。

四、非法用工情形下的因工伤亡待遇

针对非法用工的情形，《工伤保险条例》和《非法用工伤亡赔偿办法》作了专门规定。

非法用工造成的工伤，用人单位必须依法（即《非法用工伤亡赔偿办法》）向伤残职工或死亡职工的近亲属、伤残童工或者死亡童工的近亲属给予一次性赔偿。

【依据】《工伤保险条例》第 66 条第 1 款；《非法用工伤亡赔偿办法》第 2 条。

1. 一次性赔偿的范围和标准。非法用工情形下因工伤亡时的一次性赔偿，包括受到事故伤害或患职业病的劳动者或童工在治疗期间的费用、一次性赔偿金和劳动能力鉴定费。一次性赔偿金数额应当在受到事故伤害或患职业病的劳动者或童工死亡或者经劳动能力鉴定后确定，其标准如下：

等级	一次性赔偿金的数额
一级伤残	赔偿基数的 16 倍
二级伤残	赔偿基数的 14 倍
三级伤残	赔偿基数的 12 倍
四级伤残	赔偿基数的 10 倍
五级伤残	赔偿基数的 8 倍
六级伤残	赔偿基数的 6 倍
七级伤残	赔偿基数的 4 倍
八级伤残	赔偿基数的 3 倍
九级伤残	赔偿基数的 2 倍
十级伤残	赔偿基数的 1 倍

赔偿基数，是指单位所在地工伤保险统筹地区上年度职工平均工资。

受到事故伤害或者患职业病造成死亡的，按照上一年度全国城镇居民人均可支配收入的 20 倍支付一次性赔偿金，并按照上一年度全国城镇居民人均可支配收入的 10 倍一次性支付丧葬补助等其他赔偿金。

劳动能力鉴定按属地原则由用人单位所在地设区的市级劳动能力鉴定委员会办理。

【依据】《非法用工伤亡赔偿办法》第 3、5~6 条。

2. 救济措施。用人单位拒不支付一次性赔偿的，伤残或死亡职工的近亲属、伤残或死亡童工的直系亲属可以向人力资源和社会保障行政部门举报。经查证属实的，人力资源和社会保障行政部门应责令该单位限期改正。

伤残或死亡职工的近亲属、伤残或死亡童工的近亲属就赔偿数额与单位发生争议的，按照处理劳动争议的有关规定处理。

【依据】《工伤保险条例》第 66 条第 2 款；《非法用工伤亡赔偿办法》第 7、8 条。

3. 有关费用。职工或童工受到事故伤害或者患职业病，在劳动能力鉴定之前进行治疗期间的生活费按照统筹地区上年度职工月平均工资标准确定，医疗费、护理费、住院期间的伙食补助费以及所需的交通费等费用按照《工伤保险条例》规定的标准和范围确定，并全部由伤残职工或童工所在单位支付。

【依据】《非法用工伤亡赔偿办法》第 4 条。

五、停止享受工伤保险待遇的情况

工伤劳动者有下列情形之一的，停止享受工伤保险待遇：

1. 丧失享受待遇条件的；

2. 拒不接受劳动能力鉴定的；

3. 拒绝治疗的。

【依据】《社会保险法》第 43 条；《工伤保险条例》第 42 条。

第六章　职业病概述

一、职业病的概念和《职业病防治法》的适用范围

（一）职业病的概念

《职业病防治法》对职业病所下的定义：指企业、事业单位和个体经济组织（以下统称用人单位）的劳动者在职业活动中，因接触粉尘、放射性物质和其他有毒、有害物质等因素而引起的疾病。职业病的分类和目录由国务院卫生行政部门会同国务院劳动保障行政部门规定、调整并公布。

【依据】《职业病防治法》第 2 条第 2、3 款。

（二）《职业病防治法》的适用范围

《职业病防治法》的适用范围包括地域、民事主体和职业病种类三个方面。

1. 地域范围。《职业病防治法》适用于我国领域内的职业病防治活动。

【依据】《职业病防治法》第 2 条第 1 款。

2. 民事主体。《职业病防治法》对适用对象作了现在看来不尽合理的限制，即将用人单位限定为企业、事业单位和个体经济组织，其范围窄于《工伤保险条例》和《劳动合同法》（少了民办非企业单位、国家机关、社会团体）以及《劳动法》（少了国家机关和社会团体）。虽然该法第 78 条作出了"本法第 2 条规定的用人单位以外的单位，产生职业病危害的，其职业病防治活动可以参照本法执行"的规定，但由于"可以参照"的用词不具有强制性，所以其实际意义非常有限。至于劳动者，《职业病防治法》未做具体的规定，可以认为与《劳动法》、《劳动合同法》和《工伤保险条例》保持一致。

【依据】《职业病防治法》第 2 条第 2 款、第 78 条。

3. 职业病范围。根据卫生部、劳动和社会保障部联合发布的《职业病目录》，目前我国将职业病大致划分为尘肺（13 种）、职业性放射性疾病（11 种）、职业中毒（56 种）、物理因素所致职业病（5 种）、生物因素所致职业病（3 种）、职业性皮肤病（8 种）、职业性眼病（3 种）、职业性耳鼻喉口腔疾病（3 种）、职业性肿瘤（8 种）和其他职业病（5 种）等十大类共 115 种职业病。

【依据】《职业病目录》。

4. 农民工的职业病防治。农民工属于劳动者，而职业病属于工伤的一种，所以，前述关于农民工参加工伤保险的政策规定同样适用于农民工的职业病防治。

☞ 重点提示

> 职业病与工伤
>
> 根据《工伤保险条例》第 14 条之规定,职业病在我国是应当认定为工伤的情形之一。这就意味着,劳动者在确诊患有职业病之后,还需要进行工伤认定、劳动能力鉴定才可以享受工伤保险待遇。

【依据】《工伤保险条例》第 14 条;《农民工问题若干意见》第（17）项;《农民工工伤保险通知》第 2 项;《农民工问题实施意见》"总体工作部署"第（8）项;《建筑企业农民工工伤保险通知》第 1 项。

二、农民工（劳动者）的权利

同样基于职业病的工伤属性,前述劳动者在工伤保险中所享有的权利同样是他们在职业病防治中的权利,而鉴于职业病的特殊性,劳动者在职业病防治中还享有以下权利:

1. 职业卫生保护。具体而言,劳动者享有下列职业卫生保护权利:

（1）获得职业卫生教育、培训;

（2）获得职业健康检查、职业病诊疗、康复等职业病防治服务;

（3）了解工作场所产生或者可能产生的职业病危害因素、危害后果和应当采取的职业病防护措施;

（4）要求用人单位提供符合防治职业病要求的职业病防护设施和个人使用的职业病防护用品,改善工作条件;

（5）对违反职业病防治法律、法规以及危及生命健康的行为提出批评、检举和控告;

（6）拒绝违章指挥和强令进行没有职业病防护措施的作业;

（7）参与用人单位职业卫生工作的民主管理,对职业病防治工作提出意见和建议。

【依据】《职业病防治法》第 4 条第 1 款、第 36 条第 1 款;《劳动合同法》第 42 条。

2. 索取本人职业健康档案复印件。劳动者离开用人单位时,有权索取本人职业健康监护档案复印件，用人单位应当如实、无偿提供，并在所提供的复印件上签章。

【依据】《职业病防治法》第 33 条第 3 款。

3. 选择职业病诊断机构并申请诊断。劳动者可以选择用人单位所在地或者本人居住地的职业病诊断机构进行诊断。

【依据】《职业病防治法》第 40 条；《职业病办法》第 10 条。

4. 申请职业病诊断的鉴定或再鉴定。在申请劳动能力鉴定之前，如劳动者对职业病诊断有异议的，可以在接到职业病诊断证明书之日起 30 日内，向作出诊断的医疗卫生机构所在地设区的市级政府卫生行政部门申请鉴定。

劳动者对设区的市级职业病诊断鉴定委员会的鉴定结论不服的，可以在接到职业病诊断鉴定书之日起 15 日内，向原鉴定机构所在地省级卫生行政部门申请再鉴定。

【依据】《职业病防治法》第 45 条第 1、3 款；《职业病办法》第 19 条第 1、3 款。

5. 随机抽取职业病诊断鉴定的专家。申请鉴定的当事人可以在职业病诊断鉴定办事机构的主持下，从专家库中以随机抽取的方式确定参加职业病诊断鉴定的专家。

当事人也可以委托职业病诊断鉴定办事机构抽取专家。

【依据】《职业病防治法》第 46 条第 2 款；《职业病办法》第 23 条第 1、2 款。

6. 享受职业病待遇。职业病病人依法享受国家规定的职业病待遇。

【依据】《职业病防治法》第 50 条第 1 款。

7. 工作单位变动时待遇不变。职业病病人变动工作单位，其依法享有的待遇不变。

【依据】《职业病防治法》第 54 条第 1 款。

三、用人单位的义务

用人单位的义务与其在工伤保险中的义务基本相同，包括参加工伤保险并缴纳保险费；不得解除劳动合同（《职业病防治法》第 30 条、第 49 条第 2 款）；遵守安全生产规定和及时救治工伤劳动者；出具相关证明并办理工伤保险转移手续；公示工伤保险情况和职业病防治的有关事项（《职业病防治法》第 22 条）；在法定期限内提出工伤认定申请或负担有关费用；特定情形下承担举证责任；发给、报销或承担有关费用；用人单位发生变化时承担工伤保险；具备相应的安全生产条件。

《职业病防治法》的立法导向是通过赋予用人单位各种职业病的防治义务来保护劳动者的权益，据笔者统计，其用于此项目的的法条（29 条）占到该法全部法条（79 条）的 36.7%。除上述义务外，用人单位在职业病防治中还承担以下义务：

1. 建立、健全劳动安全卫生制度，创造职业卫生环境。用人单位必须建立、健全劳动安全卫生制度，对劳动者进行劳动安全卫生教育。用人单位应当为劳动者创造符合国家职业卫生标准和卫生要求的工作环境和条件，提供符合国家规定的劳动安全卫生条件和必要的劳动防护用品，并采取有效的措施和职业病防护设施保障劳动者获得职业卫生保护。

【依据】《劳动法》第 52、54 条；《职业病防治法》第 4 条第 2 款、第 20 条；《关于解决农民工问题的若干意见》第 9 项。

2. 组织劳动者定期进行职业健康检查。对从事有职业病危害作业的劳动者应当定期进行健康检查。具体而言，对从事接触职业病危害作业的劳动者，用人单位应当按照国务院卫生行政部门的规定组织上岗前、在岗期间和离岗时的职业健康检查，并将检查结果如实告知劳动者。职业健康检查费用由用人单位承担。

用人单位不得安排未经上岗前职业健康检查的劳动者从事接触职业病危害的作业；不得安排有职业禁忌的劳动者从事其所禁忌的作业；对在职业健康检查中发现有与所从事的职业相关的健康损害的劳动者，应当调离原工作岗位，并妥善安置；对未进行离岗前职业健康检查的劳动者不得解除或者终止与其订立的劳动合同。

职业健康检查应当由省级以上人民政府卫生行政部门批准的医疗卫生机构承担。

所谓职业禁忌，是指劳动者从事特定职业或者接触特定职业病危害因素时，比一般职业人群更易于遭受职业病危害和罹患职业病或者可能导致原有自身疾病病情加重，或者在从事作业过程中诱发可能导致对他人生命健康构成危险的疾病的个人特殊生理或者病理状态。

【依据】《劳动法》第 54 条；《职业病防治法》第 32、77 条；《关于解决农民工问题的若干意见》第 9 项。

3. 建立、健全职业病防治责任制。用人单位应当建立、健全职业病防治责任制，加强对职业病防治的管理，提高职业病防治水平，对本单位产生的职业病危害承担责任。

【依据】《职业病防治法》第 5 条。

4. 工作场所应当达标。产生职业病危害的用人单位的设立除应当符合法律、行政法规规定的设立条件外，其工作场所还应当符合下列职业卫生要求：

（1）职业病危害因素的强度或者浓度符合国家职业卫生标准；

（2）有与职业病危害防护相适应的设施；

（3）生产布局合理，符合有害与无害作业分开的原则；

（4）有配套的更衣间、洗浴间、孕妇休息间等卫生设施；

（5）设备、工具、用具等设施符合保护劳动者生理、心理健康的要求；

（6）法律、行政法规和国务院卫生行政部门关于保护劳动者健康的其他要求。

职业病危害，是指对从事职业活动的劳动者可能导致职业病的各种危害。职业病危害因素包括：职业活动中存在的各种有害的化学、物理、生物因素以及在作业过程中产生的其他职业有害因素。

【依据】《职业病防治法》第13、77条。

5. 申报职业病危害项目。存在或者产生职业病危害项目的用人单位，应当及时、如实向所在地县级卫生行政部门申报，提交《职业病危害项目申报表》，接受监督。

职业病危害项目申报不收取费用。

具体事宜可参见《危害项目管理办法》。

【依据】《职业病防治法》第14条第2款；《危害项目管理办法》第2~6、11条。

6. 特定情形下提交职业病危害预评价报告和进行职业病危害控制效果评价。新建、扩建、改建建设项目和技术改造、技术引进项目（以下统称建设项目）可能产生职业病危害的，建设单位在可行性论证阶段应当向卫生行政部门提交职业病危害预评价报告。

建设项目在竣工验收前，建设单位应当进行职业病危害控制效果评价。建设项目竣工验收时，其职业病防护设施经卫生行政部门验收合格后，方可投入正式生产和使用。

【依据】《职业病防治法》第15条第1款、第16条第3款。

7. 劳动过程中防护与管理的义务。《职业病防治法》第三章"劳动过程中的防护与管理"用第19~24条、第29~36条和第38条共15个条文规定了用人单位在劳动过程中的诸多义务。除了上面已经提到的以外，比较重要的还有：

（1）采取多种职业病防治管理措施：

①设置或者指定职业卫生管理机构或者组织，配备专职或者兼职的职业卫生专业人员，负责本单位的职业病防治工作；

②制定职业病防治计划和实施方案；

③建立、健全职业卫生管理制度和操作规程；

④建立、健全职业卫生档案和劳动者健康监护档案；

⑤建立、健全工作场所职业病危害因素监测及评价制度；

⑥建立、健全职业病危害事故应急救援预案。

【依据】《职业病防治法》第 **19** 条。

（2）如实告知有关事项。用人单位与劳动者订立劳动合同（含聘用合同，下同）时，应当将工作过程中可能产生的职业病危害及其后果、职业病防护措施和待遇等如实告知劳动者，并在劳动合同中写明，不得隐瞒或者欺骗。

用人单位要向新招用的农民工告知劳动安全、职业危害事项。

劳动者在已订立劳动合同期间因工作岗位或者工作内容变更，从事与所订立劳动合同中未告知的存在职业病危害的作业时，用人单位应当依照上述规定，向劳动者履行如实告知的义务，并协商变更原劳动合同相关条款。

用人单位不如实履行告知义务的，劳动者有权拒绝从事存在职业病危害的作业，用人单位不得因此解除或者终止与劳动者所订立的劳动合同。

【依据】《职业病防治法》第 **30** 条；《关于解决农民工问题的若干意见》第 **9** 项。

（3）建立、保存劳动者职业健康档案并无偿提供复印件。用人单位应当为劳动者建立职业健康监护档案，并按照规定的期限妥善保存。

职业健康监护档案应当包括劳动者的职业史、职业病危害接触史、职业健康检查结果和职业病诊疗等有关个人健康资料。

劳动者离开用人单位时，有权索取本人职业健康监护档案复印件，用人单位应当如实、无偿提供，并在所提供的复印件上签章。

【依据】《职业病防治法》第 **33** 条。

（4）及时报告并应对（急性）职业病危害事故。发生或者可能发生（急性）职业病危害事故时，用人单位应当立即采取应急救援和控制措施，并及时报告所在地县级卫生行政部门和有关部门。卫生行政部门接到报告后，应当及时会同有关部门组织调查处理；必要时，可以采取临时控制措施。

发生职业病危害事故时，用人单位应当根据情况立即采取以下紧急措施：

①停止导致职业病危害事故的作业，控制事故现场，防止事态扩大，把事故危害降到最低限度；

②疏通应急撤离通道，撤离作业人员，组织泄险；

③保护事故现场，保留导致职业病危害事故的材料、设备和工具等；

④对遭受或者可能遭受急性职业病危害的劳动者，及时组织救治、进行健康检查和医学观察；

⑤按照规定进行事故报告；

⑥配合卫生行政部门进行调查，按照卫生行政部门的要求如实提供事故发生情况、有关材料和样品；

⑦落实卫生行政部门要求采取的其他措施。

对遭受或者可能遭受急性职业病危害的劳动者，用人单位应当及时组织救治、进行健康检查和医学观察，所需费用由用人单位承担。

【依据】《职业病防治法》第 34 条；《职业病办法》第 6、12 条；《职业病事故处理办法》第 6、12 条。

（5）注意保护特定劳动者。用人单位不得安排未成年工从事接触职业病危害的作业；不得安排孕期、哺乳期的女性劳动者从事对本人和胎儿、婴儿有危害的作业。

【依据】《职业病防治法》第 35 条。

（6）保障劳动者行使职业卫生方面的权利。这一义务对应于劳动者的享有职业卫生保护的权利。用人单位应当保障劳动者行使前款所列权利。因劳动者依法行使正当权利而降低其工资、福利等待遇或者解除、终止与其订立的劳动合同的，其行为无效。

【依据】《职业病防治法》第 36 条第 2 款。

8. 报告职业病病人或疑似职业病病人并及时安排疑似职业病病人诊断。用人单位和医疗卫生机构发现职业病病人或者疑似职业病病人时，应当及时向所在地卫生行政部门报告。确诊为职业病的，用人单位还应当向所在地劳动保障行政部门报告。卫生行政部门和劳动保障行政部门接到报告后，应当依法作出处理。

用人单位应当及时安排对疑似职业病病人进行诊断；在疑似职业病病人诊断或者医学观察期间，不得解除或者终止与其订立的劳动合同。疑似职业病病人在诊断、医学观察期间的费用，由用人单位承担。

【依据】《职业病防治法》第 43 条，第 49 条第 2、3 款；《职业病办法》第 16 条。

9. 承担有关费用。职业健康检查费用、职业病诊断鉴定费用和疑似职业病病人在诊断、医学观察期间的费用，由用人单位承担。

对遭受或者可能遭受急性职业病危害的劳动者，用人单位应当及时组织救治、进行健康检查和医学观察，所需费用由用人单位承担。

【依据】《职业病防治法》第 32 条第 1 款、第 34 条第 2 款、第 46 条第 3 款、第 49 条第 3 款；《职业病办法》第 31 条。

10. 如实提供有关职业卫生和健康监护资料。职业病诊断、鉴定需要用人单位提供有关职业卫生和健康监护等资料时，用人单位应当如实提供，劳动者和有关机构也应当提供与职业病诊断、鉴定有关的资料。

【依据】《职业病防治法》第 **48** 条；《职业病办法》第 **11** 条第 **2** 款、第 **27** 条第 **3** 款；《职业病诊断鉴定管理工作通知》第 **"2（4）"** 项。

11. 妥善安排职业病病人的治疗、复查和工作。用人单位应当按照国家有关规定，安排职业病病人进行治疗、康复和定期检查；对不适宜继续从事原工作的职业病病人，应当调离原岗位，并妥善安置；对从事接触职业病危害的作业的劳动者，应当给予适当岗位津贴。

确诊为职业病的患者，用人单位应当按照职业病诊断证明书上注明的复查时间安排复查。

【依据】《职业病防治法》第 **50** 条第 **2~4** 款；《职业病办法》第 **18** 条。

12. 承担未参加工伤保险的职业病病人的医疗和生活保障。

劳动者被诊断患有职业病，但用人单位没有依法参加工伤社会保险的，其医疗和生活保障由最后的用人单位承担；最后的用人单位有证据证明该职业病是先前用人单位的职业病危害造成的，由先前的用人单位承担。

【依据】《职业病防治法》第 **53** 条。

13. 用人单位发生特定情形时的义务。用人单位发生分立、合并、解散、破产等情形的，应当对从事接触职业病危害的作业的劳动者进行健康检查，并按照国家有关规定妥善安置职业病病人。

【依据】《职业病防治法》第 **54** 条第 **2** 款。

四、职业病待遇

1. 职业病是一种工伤，那么，患职业病的劳动者如符合《工伤保险条例》所规定的工伤保险待遇享受条件，自然可以享受前述各种工伤保险待遇。所以，职业病病人的诊疗、康复费用，伤残以及丧失劳动能力的职业病病人的社会保障，按照国家有关工伤社会保险的规定执行。

【依据】《职业病防治法》第 **51** 条。

2. 但是罹患职业病与因事故而遭受工伤毕竟有所区别，故职业病病人除依法享受工伤保险待遇外，还依法享受国家规定的职业病待遇。此外，用人单位应当按照国家有关规定，安排职业病病人进行治疗、康复和定期检查；用人单位对不适宜继续从事原工作的职业病病人，应当调离原岗位，并妥善安置；用人单位对从事接触职业病危害的作业的劳动者，应当给予适当岗位津贴。

【依据】《职业病防治法》第 50 条。

3. 劳动者被诊断患有职业病，但用人单位没有依法参加工伤社会保险的，其医疗和生活保障由最后的用人单位承担；最后的用人单位有证据证明该职业病是先前用人单位的职业病危害造成的，由先前的用人单位承担。

【依据】《职业病防治法》第 53 条。

第七章 职业病的诊断和鉴定

职业病的诊断和鉴定是职业病防治过程中的重要环节，是患职业病的劳动者能否享受相关待遇的决定因素。实践中，很多有关职业病纠纷的症结就在于职业病诊断和鉴定的机构。

一、职业病的诊断机构

1. 有资格从事职业病诊断工作的医疗卫生机构应当经过省级以上人民政府卫生行政部门的批准。

【依据】《职业病防治法》第 39 条；《职业病办法》第 3 条。

2. 从事职业病诊断的医疗卫生机构，应当具备以下条件：

（1）持有《医疗机构执业许可证》；

（2）具有与开展职业病诊断相适应的医疗卫生技术人员，具体指"三名以上"与所申请的诊断项目相适应的有资格的诊断医师；

（3）具有与开展职业病诊断相适应的仪器、设备；

（4）具有健全的职业病诊断质量管理制度。

【依据】《职业病办法》第 4 条；《卫生部关于职工病诊断与鉴定有关问题的批复》第 2 项。

3. 职业病诊断机构的职责如下：

（1）在批准的职业病诊断项目范围内开展职业病诊断；

（2）职业病报告；

（3）承担卫生行政部门交付的有关职业病诊断的其他工作。

【依据】《职业病办法》第 7 条。

4. 职业病诊断机构依法独立行使诊断权，并对其作出的诊断结论承担责任。

【依据】《职业病办法》第 9 条。

二、职业病的诊断

（一）职业病诊断的地点

1. 劳动者可以选择用人单位所在地或者本人居住地依法承担职业病诊断的医疗卫生机构进行职业病诊断，包括用人单位所在地或本人居住地的本县（区）、本县所在市和省（自治区、直辖市）的任何职业病诊断机构。具体而言，职业病诊断机构是指用人单位所在地或劳动者居住地所在县及其县所在设区的市、自治州，及其市、州所在的省、自治区或者直辖市辖区内依法承担职业病诊断的县级、设区的市级和省级的任何医疗卫生机构；不包括横向跨县（区）、跨设区的市（自治州）或者跨省、自治区、直辖市的职业病诊断机构。

☞ 重点提示

> "居住地"是指劳动者的经常居住地。根据《中华人民共和国民法通则》第 15 条，公民以其户籍所在地的居住地为住所，经常居住地与住所不一致的，经常居住地视为住所。另根据最高人民法院《关于贯彻执行〈中华人民共和国民法通则〉若干问题的意见（试行）》第 9 条规定："公民离开住所地最后连续居住 1 年以上的地方，为经常居住地。但住医院治病的除外。公民由其户籍所在地迁出后至迁入另一地之前，无经常居住地的，仍以其原户籍所在地为住所。"

【依据】《职业病防治法》第 40 条；《民法通则》第 25 条；《职业病办法》第 10 条；《职业病批复（二）》第 2 项；《职业病诊断鉴定管理工作通知》第 2（7）项；《职业病批复（三）》。

2. 劳动者申请职业病诊断时，应当首选本人居住地或用人单位所在地（以下简称本地）的县（区）行政区域内的职业病诊断机构进行诊断；如本地县（区）行政区域内没有职业病诊断机构，可以选择本地市行政区域内的职业病诊断机构进行诊断；如本地市行政区域内没有职业病诊断机构，可以选择本地省级行政区域内的职业病诊断机构进行诊断。

【依据】《职业病诊断机构权限范围》第 3 项。

（二）申请职业病诊断应提供的材料

1. 职业史、既往史；
2. 职业健康监护档案复印件；
3. 职业健康检查结果；
4. 工作场所历年职业病危害因素检测、评价资料；
5. 既往诊断活动资料；
6. 诊断机构要求提供的其他必需的有关材料。

用人单位和有关机构应当按照诊断机构的要求，如实提供必要的资料。

没有职业病危害接触史或者健康检查没有发现异常的，诊断机构可以不予受理。

【依据】《职业病办法》第 11 条；《异地职业病诊断批复》第 1 项；《职业病诊断鉴定管理工作通知》第 2 (7) 项。

(三) 作出职业病诊断

1. 没有证据否定职业病危害因素与病人临床表现之间的必然联系的，在排除其他致病因素后，应当诊断为职业病。

职业病诊断机构在进行职业病诊断时，应当组织三名以上取得职业病诊断资格的执业医师进行集体诊断。

对职业病诊断有意见分歧的，应当按多数人的意见诊断；对不同意见应当如实记录。

【依据】《职业病防治法》第 42 条第 2、3 款；《职业病办法》第 13、14 条。

2. 职业病诊断与鉴定需要用人单位提供有关职业卫生和健康监护等资料时，用人单位应当如实提供，用人单位不提供或者不如实提供的，卫生行政部门可视其为未按照规定建立健全职业卫生档案和劳动者健康监护档案或者未按照规定安排职业病病人、疑似职业病病人进行诊治，依据《职业病防治法》第 63 条第 (2) 项、第 64 条第 (4) 项、第 65 条第 (6) 项规定情形处理。

用人单位不提供或者不如实提供诊断所需资料的，职业病诊断与鉴定机构应当根据当事人提供的自述材料、相关人员证明材料和卫生监督机构或取得资质的职业卫生技术服务机构提供的有关材料，按照《职业病防治法》第 42 条的规定作出诊断或鉴定结论。

【依据】《职业病诊断鉴定管理工作通知》第 "2 (4) ~ (5)" 项。

3. 职业病诊断是技术行为，不是行政行为，没有行政级别区分，任何一个职业病诊断机构出具的职业病诊断证明均具有同等效力。对任何一个职业病诊断结论不服的，当事人都应按照《职业病办法》第 19 条规定的程序申请职业病鉴定。

【依据】《职业病批复 (二)》第 3 项；《职业病诊断鉴定管理工作通知》第 "2 (2)" 项；《职业病诊断机构权限范围》第 2 项。

4. 职业病诊断机构在职业病诊断过程中应当严格执行职业病诊断的相关规定，按照职业病目录和职业病诊断标准进行。凡违反规定作出的诊断结论，视为无效诊断，卫生行政部门应当按照《职业病防治法》第 72、73 条的规定进行处理。

【依据】《异地职业病诊断批复》第 3 项；《职业病诊断鉴定管理工作通知》第 2 (1) 项。

（四）职业病诊断说明书

职业病诊断机构作出职业病诊断后，应当向当事人出具职业病诊断证明书。职业病诊断证明书应当明确是否患有职业病，对患有职业病的，还应当载明所患职业病的名称、程度（期别）、处理意见和复查时间。

职业病诊断证明书应当由参加诊断的医师共同签署，并经职业病诊断机构审核盖章。

职业病诊断证明书应当一式三份，劳动者、用人单位各执一份，诊断机构存档一份。

职业病诊断证明书的格式由卫生部统一规定。

【依据】《职业病防治法》第 42 条第 4 款；《职业病办法》第 15 条；《职业病诊断鉴定管理工作通知》第 2（2）项。

（五）重新诊断

某一诊断机构已作出职业病诊断的，在没有新的证据资料时，其他诊断机构不得进行重复诊断。

在尘肺病诊断中涉及晋级诊断或复查的，原则上应当在原诊断机构进行诊断。对职业病诊断结论不服的，应当按照《职业病办法》申请鉴定，而不宜寻求其他机构再次诊断。

【依据】《异地职业病诊断批复》第 1、2 项；《职业病诊断鉴定管理工作通知》第 2（8）项。

三、职业病的鉴定

1. 当事人对职业病诊断有异议的，在接到职业病诊断证明书之日起 30 日内，可以向作出诊断的医疗卫生机构所在地设区的市级卫生行政部门申请鉴定。设区的市级卫生行政部门组织的职业病诊断鉴定委员会负责职业病诊断争议的首次鉴定。

当事人对设区的市级职业病诊断鉴定委员会的鉴定结论不服的，在接到职业病诊断鉴定书之日起 15 日内，可以向原鉴定机构所在地省级卫生行政部门申请再鉴定。

省级职业病诊断鉴定委员会的鉴定为最终鉴定。

【依据】《职业病防治法》第 45 条；《职业病办法》第 19 条。

2. 职业病诊断与劳动能力鉴定一样不可诉，其争议的处理即职业病的鉴定。

当事人对职业病诊断结论有异议时，应当按照职业病诊断鉴定的有关规定申请鉴定。在没有新的证据资料时，不应重新申请诊断。

【依据】《职业病诊断鉴定管理工作通知》第2（8）项。

3. 职业病诊断鉴定委员会承担职业病诊断争议的鉴定工作。职业病诊断鉴定委员会由卫生行政部门组织。

【依据】《职业病办法》第21条。

4. 参加职业病诊断鉴定的专家，由申请鉴定的当事人在职业病诊断鉴定办事机构的主持下，从专家库中以随机抽取的方式确定。

当事人也可以委托职业病诊断鉴定办事机构抽取专家。

【依据】《职业病办法》第23条第1、2款。

5. 申请职业病诊断鉴定时需提供的材料：

（1）职业病诊断鉴定申请书；

（2）职业病诊断证明书；

（3）职业史、既往史；

（4）职业健康监护档案复印件；

（5）职业健康检查结果；

（6）工作场所历年职业病危害因素检测、评价资料；

（7）既往诊断活动资料；

（8）其他有关资料。

【依据】《职业病办法》第11条、第25条第1、2款。

6. 职业病诊断鉴定办事机构应当自收到申请资料之日起10日内完成材料审核，对材料齐全的发给受理通知书；材料不全的，通知当事人补充。

职业病诊断鉴定办事机构应当在受理鉴定之日起60日内组织鉴定。

【依据】《职业病办法》第26条。

7. 职业病诊断鉴定书应当包括以下内容：

（1）劳动者、用人单位的基本情况及鉴定事由；

（2）参加鉴定的专家情况；

（3）鉴定结论及其依据，如果为职业病，应当注明职业病名称及程度（期别）；

（4）鉴定时间。

参加鉴定的专家应当在鉴定书上签字，鉴定书加盖职业病诊断鉴定委员会印章。

职业病诊断鉴定书应当于鉴定结束之日起20日内由职业病诊断鉴定办事机构发送当事人。

【依据】《职业病办法》第29条第2~4款。

四、疑似职业病问题

实践中，劳动者常常在出现疑似职业病症状，未进行职业病诊断或者在诊断过程中尚未确诊的时候被解除劳动关系。针对这种情况，《职业病防治法》第 49 条规定："医疗卫生机构发现疑似职业病病人时，应当告知劳动者本人并及时通知用人单位。用人单位应当及时安排对疑似职业病病人进行诊断；在疑似职业病病人诊断或者医学观察期间，不得解除或者终止与其订立的劳动合同。"

《劳动合同法》第 42 条规定："劳动者有下列情形之一的，用人单位不得依照本法第 40 条、第 41 条的规定解除劳动合同：（1）从事接触职业病危害作业的劳动者未进行离岗前职业健康检查，或者疑似职业病病人在诊断或者医学观察期间的；（2）在本单位患职业病或者因工负伤并被确认丧失或者部分丧失劳动能力的。"第 45 条规定："劳动合同期满，有本法第 42 条规定情形之一的，劳动合同应当续延至相应的情形消失时终止。但是，本法第 42 条第 2 项规定丧失或者部分丧失劳动能力劳动者的劳动合同的终止，按照国家有关工伤保险的规定执行。"

五、工伤职业病劳动争议的解决

《工伤保险条例》第 54 条规定："职工与用人单位发生工伤待遇方面的争议，按照处理劳动争议的有关规定处理。"因此，有关工伤职业病的争议适用劳动争议的处理规定，具体可以参照本书劳动合同的相关章节。但是以下工伤职业病的相关问题需要在争议解决中予以注意。

（一）工伤职业病争议的劳动仲裁申请时效

《劳动争议调解仲裁法》第 27 条规定："劳动争议申请仲裁的时效期间为 1 年。仲裁时效期间从当事人知道或者应当知道其权利被侵害之日起计算。前款规定的仲裁时效，因当事人一方向对方当事人主张权利，或者向有关部门请求权利救济，或者对方当事人同意履行义务而中断。从中断时起，仲裁时效期间重新计算。因不可抗力或者有其他正当理由，当事人不能在本条第 1 款规定的仲裁时效期间申请仲裁的，仲裁时效中止。从中止时效的原因消除之日起，仲裁时效期间继续计算。"

在《劳动争议调解仲裁法》实施之前的法律法规中，亦有仲裁时效从"劳动争议发生之日"起算的说法。《劳动部关于贯彻〈中华人民共和国劳动法〉意见》第 85 条规定："劳动争议发生之日"是指当事人知道或者应当知道其权利被侵害之日。"知道"是指明确知道，"应当知道"是没有证据证明明确知道，但根据其他证据能够推定知道的情况。可见，两种表达在实质上没有差别。

但是，"知道或应该知道其权利被侵害之日"并不等于"工伤发生或职业病确诊之日"。例如劳动者在工伤认定后与用人单位就赔偿问题发生争议，那么这个争议发生之时，才是"知道或应该知道权利被侵害之日"。因此，仲裁申请时效的起算时间需要具体情况具体分析。

（二）职业病争议解决时工伤保险待遇和人身损害赔偿的关系

1. 由于第三人的原因造成工伤，第三人不支付工伤医疗费用或者无法确定第三人的，由工伤保险基金先行支付。工伤保险基金先行支付后，有权向第三人追偿。因用人单位以外的第三人侵权造成劳动者人身损害，赔偿权利人请求第三人承担民事赔偿责任的，人民法院应予支持。

【依据】《社会保险法》第42条；《最高人民法院关于审理人身损害赔偿案件适用法律若干问题的解释》（以下简称《人身损害赔偿解释》）第12条。

2. 对于是否可以对用人单位提起人身损害诉讼，《职业病防治法》第52条规定："职业病病人除依法享有工伤社会保险外，依照有关民事法律，尚有获得赔偿的权利的，有权向用人单位提出赔偿要求。"《安全生产法》第48条规定："因生产安全事故受到损害的从业人员，除依法享有工伤社会保险外，依照有关民事法律尚有获得赔偿的权利的，有权向本单位提出赔偿要求。"

但是，《人身损害赔偿解释》第12条规定："依法应当参加工伤保险统筹的用人单位的劳动者，因工伤事故遭受人身损害，劳动者或者其近亲属向人民法院起诉请求用人单位承担民事赔偿责任的，告知其按《工伤保险条例》的规定处理。"

虽然该规定并不支持向用人单位主张民事赔偿，仅支持追究用人单位以外的第三人的侵权责任，但是实践中越来越多的劳动者以人身损害为由直接将未依法进行安全防护、职业病保护的用人单位诉诸法庭。

实践中人民法院对此类案件的观点有两种，一种是按最高人民法院的司法解释予以驳回；另一种是审查实体问题，即如果确认用人单位已依法完成劳动保护要求，则驳回劳动者诉讼请求，如果确认用人单位存在违法情形或防护不足，则按人身损害判决用人单位承担侵权责任。

因此，在实践中，被诊断患有职业病的劳动者不应随意放弃人身损害赔偿的请求，也可以两种赔付作为"筹码"要求用人单位为之办理工伤保险或者申请进行工伤认定。

六、职业病诊断、鉴定流程图

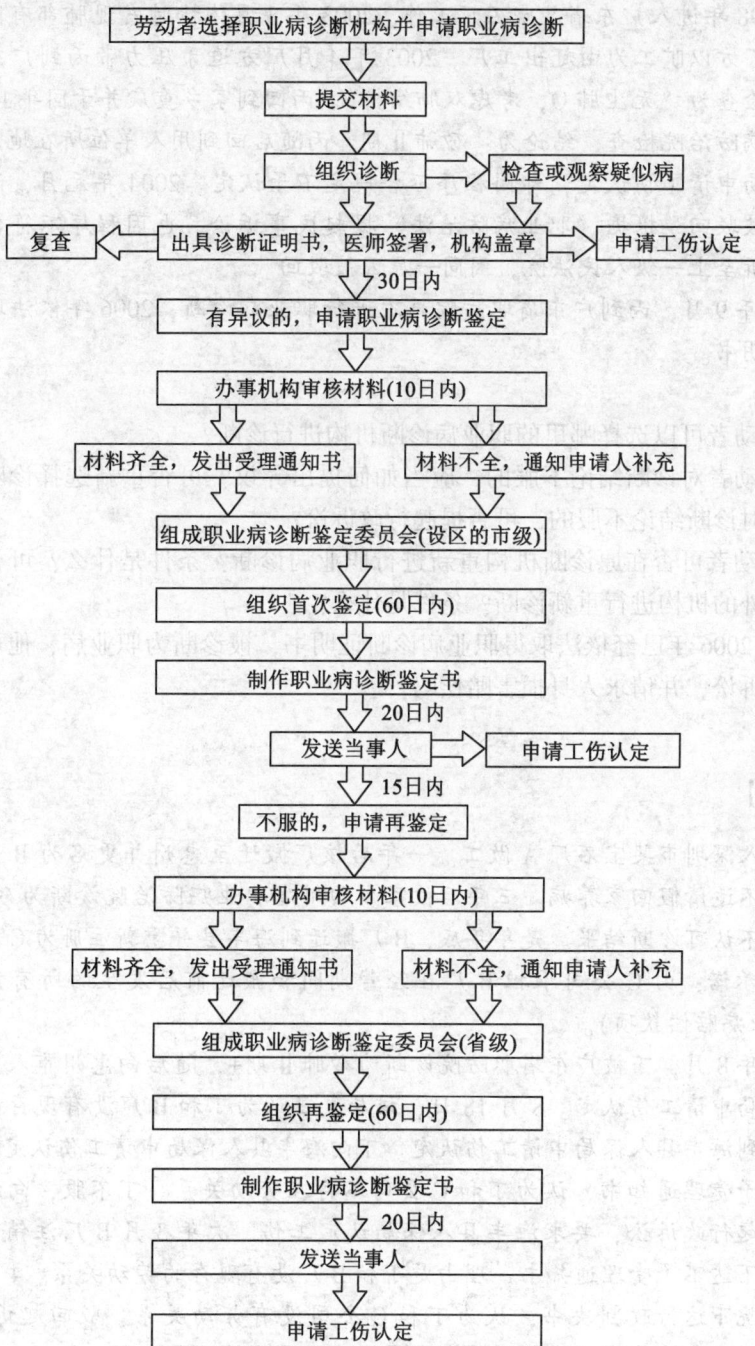

```
        劳动者选择职业病诊断机构并申请职业病诊断
                         ↓
                      提交材料
                         ↓
                      组织诊断 ⟹ 检查或观察疑似病
                         ↓
   复查 ⟸ 出具诊断证明书，医师签署，机构盖章 ⟹ 申请工伤认定
                      ↓ 30日内
              有异议的，申请职业病诊断鉴定
                         ↓
                办事机构审核材料(10日内)
                    ↓            ↓
   材料齐全，发出受理通知书      材料不全，通知申请人补充
                         ↓
             组成职业病诊断鉴定委员会(设区的市级)
                         ↓
                  组织首次鉴定(60日内)
                         ↓
                  制作职业病诊断鉴定书
                      ↓ 20日内
                   发送当事人 ⟹ 申请工伤认定
                      ↓ 15日内
                 不服的，申请再鉴定
                         ↓
                办事机构审核材料(10日内)
                    ↓            ↓
   材料齐全，发出受理通知书      材料不全，通知申请人补充
                         ↓
              组成职业病诊断鉴定委员会(省级)
                         ↓
                  组织再鉴定(60日内)
                         ↓
                  制作职业病诊断鉴定书
                      ↓ 20日内
                   发送当事人
                         ↓
                    申请工伤认定
```

【案例一】

丙1998年进入广东省某宝石厂工作，2003年3月体检时发现肺部有阴影，要求休息被厂方以旷工为由赶出工厂。2003年4月厂方迫于压力带丙到广东省职业病防治院检查为"无尘肺O，考虑双肺结核"。丙回到家乡重庆并于同年11月到重庆市职业病防治院检查，结论为：矽肺Ⅱ期。丙随后回到用人单位所在地的劳动和社会保障局申请工伤认定，却因程序不合规定不予认定。2004年元月，丙提起行政诉讼，被驳回。根据《职业病防治法》提起民事诉讼，也因程序不符合规定被驳回。上诉至上一级人民法院，因同一原因被驳回。

2005年9月，丙到广东省职防院再次进行职业病诊断，2006年依法取得职业病诊断证明书。

问题：

1. 劳动者可以选择哪里的职业病诊断机构进行诊断？

2. 劳动者对诊断结论不服的，应当如何提出异议？可否重新选择诊断机构重新诊断？对诊断结论不服的，可否提起行政诉讼？

3. 劳动者可否在原诊断机构重新进行职业病诊断？条件是什么？可否在原诊断机构以外的机构进行重新诊断？条件是什么？

4. 丙2006年已经依法取得职业病诊断证明书，被诊断为职业病，他可以直接进行民事诉讼，并请求人身损害赔偿吗？

【案例二】

丁进入深圳市某宝石厂A做工。一年后该厂搬迁至惠州并更名为B厂。一天丁因身体不适请假回家养病。三年后被家乡四川省职业病防治院诊断为矽肺Ⅰ期，但是厂方不认可诊断结果。是年年底，B厂搬迁到海丰县并重新注册为C公司。搬迁时B厂承诺：由C公司承担B厂在经营期间和搬迁前后发生的所有债权债务（包括职业病赔偿款项）。

第二年8月，丁被广东省职防院诊断为矽肺Ⅱ期+，随后向惠州市人力资源和社会保障局申请工伤认定。8月18日，该局复函认为丁和B厂没有现存的劳动关系，应当到海丰县人保局申请工伤认定。丁向海丰县人保局申请工伤认定，该局随后下达不予受理通知书，认为丁和C公司不存在劳动关系。丁不服，向海丰县人民法院提起行政诉讼，要求海丰县人保局认定工伤。次年3月B厂注销，同月惠州人保局下达不予受理通知书，理由是丁和B厂没有现存的劳动关系。4月，海丰县人民法院下达行政判决书，认为丁和C公司没有劳动关系，驳回起诉。随后，丁向惠城区法院提起行政诉讼，要求惠城区人保局为其认定工伤。

问题：

1. 丁究竟应该向哪里的社会保险行政部门申请工伤认定？

2. 哪里的劳动仲裁机构和人民法院对本案中的劳动争议应当行使管辖权？

3. C 公司是否本案中的职业病赔偿责任主体？

【案例三】

戊 2002 年 10 月被聘到某健康咨询有限公司工作，负责体检拍 X 光片。戊在工作中发现公司体检部的 X 光机操作间安全防护不合格。经过权威部门测试，证实操作间的门 X 线泄漏严重超标。工作的 4 年中，戊受到严重的放射线辐射，血小板大量减少，服药治疗每月需要花费 1500 多元。更为严重的是，这种病没有办法治愈，只能维持治疗。在职业病防治院观察期间，戊被公司解聘。

问题：

1. 本案中某公司在戊职业病观察期间与之解除劳动关系，是否符合法律规定？

2. 由于戊尚没有进行职业病诊断和工伤认定，其如何证明自己可能患有职业病而用人单位不能解除劳动关系？

☞ 案例解析①

【案例一】

1. 劳动者可选择用人单位所在地或者经常居住地的职业病诊断机构进行职业病诊断。

2.（1）劳动者对诊断结论有异议的，应当在收到职业病诊断证明书 30 日内，向作出诊断的医疗卫生机构所在区的市级卫生行政部门（卫生局）申请职业病鉴定。对职业病鉴定不服的，还可以申请再鉴定。

（2）丙不可以重新选择诊断机构重新诊断。因为，《卫生部关于对异地职业病诊断有关问题的批复》（卫法监发［2003］298 号）规定，某一诊断机构已作出职业病诊断的，在没有新的证据资料时，其他诊断机构不再进行重复诊断。在尘肺病诊断中涉及晋级诊断的，原则上应当在原诊断机构进行诊断。对职业病诊断结论不服的，应当按照《职业病诊断与鉴定管理办法》申请鉴定，而不宜寻求其他机构

---

① 感谢广东瀚诚律师事务所律师彭小坤和罗静波对本章的案例解析和其他部分内容作出的贡献。

再次诊断。职业病诊断机构应当严格按照《职业病诊断与鉴定管理办法》的规定进行诊断，凡违反规定作出的诊断结论，应当视为无效诊断。

（3）丙对于诊断结论不服，亦不可以就诊断结论提起行政诉讼。原因在于职业病诊断由获得省级以上卫生行政部门批准的医疗卫生机构作出，与行政部门无关，故这一诊断结论不可诉，有异议的只能申请鉴定。

3. 根据《职业病诊断鉴定管理工作通知》规定，当事人对职业病诊断结论有异议时，应当按照职业病诊断鉴定的有关规定申请鉴定。在没有新的证据资料时，不应重新申请诊断。职业病诊断机构对其他诊断机构按规定已经作出职业病诊断的病例，在没有新的证据资料时，不得进行重复诊断。无论是在原诊断机构还是重新选择诊断机构，都应以"有新的证据材料"为前提。另外，根据该通知，尘肺病的复查，原则上应当在原诊断机构进行。

4. 丙不可以直接提起诉讼请求人身损害赔偿，而是应当进行工伤认定程序。

【案例二】

1. 《工伤保险条例》第 17 条规定：职工发生事故伤害或者按照职业病防治法规定被诊断、鉴定为职业病，所在单位应当自事故伤害发生之日或者被诊断、鉴定为职业病之日起 30 日内，向统筹地区社会保险行政部门提出工伤认定申请。遇有特殊情况，经报社会保险行政部门同意，申请时限可以适当延长。用人单位未按前款规定提出工伤认定申请的，工伤职工或者其近亲属、工会组织在事故伤害发生之日或者被诊断、鉴定为职业病之日起 1 年内，可以直接向用人单位所在地统筹地区社会保险行政部门提出工伤认定申请。按照本条第 1 款规定应当由省级社会保险行政部门进行工伤认定的事项，根据属地原则由用人单位所在地的设区的市级社会保险行政部门办理。

上述规定确定了"属地原则"，由统筹地区社会保险行政部门作为工伤认定机构，因此丁应当在惠州市劳动部门申请工伤认定。虽然 B 厂是从深圳搬迁且更名而来，但丁是于搬迁之后在 B 厂请假，且被诊断为矽肺Ⅰ期，上述期间 B 厂应当在惠州缴纳社会保险，统筹地区为惠州，惠城区人力资源和社会保障局认为丁与 B 厂"没有现存的劳动关系"，并认为应当与 C 公司所在地海丰县人力资源和社会保障局申请工伤认定不能成立。

本案中用人单位从深圳搬迁至惠州并不影响工伤认定机构为惠城区人力资源和社会保障局，因为统筹地区为惠州。用人单位再次搬迁后注册了独立法人，虽然新注册成立的 C 公司有过承诺，但承诺是针对承担法律责任而言的，工伤认定机构仍应按《工伤保险条例》的规定确定，而丁确实与 C 公司没有劳动关系，不宜由

C公司注册所在地的海丰县人力资源和社会保障局进行工伤认定。

2.《劳动争议调解仲裁法》第21条规定，劳动争议仲裁委员会负责管辖本区域内发生的劳动争议。劳动争议由劳动合同履行地或者用人单位所在地的劳动争议仲裁委员会管辖。双方当事人分别向劳动合同履行地和用人单位所在地的劳动争议仲裁委员会申请仲裁的，由劳动合同履行地的劳动争议仲裁委员会管辖。

《审理劳动争议案件解释》第8条规定：劳动争议案件由用人单位所在地或者劳动合同履行地的基层人民法院管辖。劳动合同履行地不明确的，由用人单位所在地的基层人民法院管辖。

上述规定确认了劳动争议适用属地管辖原则。本案的用人单位为B厂，无论该厂是否已被注销，惠城区劳动争议仲裁委员会都应当受理本案。该委员会以工厂已注销为由不予受理没有法律依据。工厂注销后影响仲裁或诉讼主体的判断，但并不影响确认管辖。

本案中，惠城区既是用人单位所在地也是劳动合同履行地，人民法院依法应当受理；而C公司为新注册法人企业，丁与其并无劳动关系，虽因承诺而成为适格主体，但并不影响惠州B厂的法律责任及管辖地的确认。

3. 因为C公司的承诺，职业病赔偿责任主体变成了C公司，而B厂亦告终结，所以本案中形成比较特别的情况：工伤认定机构并非实际承担赔偿责任者住所地的人力资源和社会保障部门。

如果C公司不做承诺，诉讼中该公司难以成为诉讼主体，赔偿责任主体应按公司法的规定区分不同情况予以确认。在不涉及公司设立、分立、合并和破产等事项时，一般而言用人单位地址等登记事项的变更对职业病赔偿责任主体的确定没有影响，即搬迁后的职业病赔偿责任仍由原单位承担。分立情形下的赔偿责任由分立后的各公司共同承担，合并情形中的赔偿责任由合并后的公司承担。用人单位自行清算的，清算结束后，职业病赔偿责任主体应为用人单位原股东，由原股东承担原用人单位应当承担的法律责任。

而若用人单位搬迁了，虽未申请破产、注销等，但劳动者已经找不到该用人单位，建议劳动者可以到原用人单位所在地申请工伤认定或职业病诊断。虽然实际上由于找不到原用人单位而使得工伤认定或职业病诊断无法完成，但是，这样做劳动者主张工伤补偿、赔偿权利的时效会中断，以保护在将来找到原用人单位后追溯权利的时效。

【案例三】

1. 某公司与之解除劳动关系不符合法律规定。《劳动合同法》第42条规定：

从事接触职业病危害作业的劳动者未进行离岗前职业健康检查，或者疑似职业病病人在诊断或者医学观察期间的用人单位不得依照本法第40条、第41条的规定解除劳动合同。

2.《职业病防治法》第43条规定："用人单位和医疗卫生机构发现职业病病人或者疑似职业病病人时，应当及时向所在地卫生行政部门报告。"本案中，戊可以请求治疗所在地的医院写出职业病疑似报告，并以此作为用人单位不能解除劳动关系的依据。

法 规 目 录

（一）法律

1.《劳动法》，第八届全国人大常委会第八次会议1994年7月5日通过，1995年1月1日施行；

2.《职业病防治法》，第九届全国人大常委会第二十四次会议2001年10月27日通过，2002年5月1日施行；

3.《安全生产法》，第九届全国人大常委会第二十八次会议2002年6月29日通过并公布，11月1日施行；

4.《劳动合同法》，第十届全国人大常委会第二十八次会议2007年6月29日通过并公布，2008年1月1日施行；

5.《劳动争议调解仲裁法》，第十届全国人大常委会第三十一次会议2007年12月29日通过，2008年5月1日施行；

6.《社会保险法》，第十一届全国人民代表大会常务委员会第十七次会议2010年10月28通过，2011年7月1日施行。

（二）行政法规

1.《工伤保险条例》（国务院令第375号），国务院第5次常务会议2003年4月16日通过，4月27日颁布，2004年1月1日施行，根据2010年12月20日《国务院关于修改〈工伤保险条例〉的决定》修订；

2.《安全生产许可证条例》（国务院令第397号），国务院第34次常务会议2004年1月7日通过，1月13日公布施行；

3.《关于解决农民工问题的若干意见》，简称《农民工问题若干意见》，国务院2006年3月27日发布。

（三）关于工伤保险的部门规章

1.《关于贯彻实施〈劳动法〉的意见》，劳动部 1994 年 8 月 22 日发布。

2.《违反〈劳动法〉有关劳动合同规定的赔偿办法》，简称《违反劳动合同赔偿办法》，劳动部 1995 年 5 月 10 日发布实行。

3.《关于贯彻执行〈中华人民共和国劳动法〉若干问题的意见》，简称《贯彻劳动法意见》，劳动部 1995 年 8 月 4 日发布。

4.《关于工伤保险费率问题的通知》（劳社部发〔2003〕29 号），劳动和社会保障部 2003 年 10 月 29 日发布。

5.《工伤认定办法》（中华人民共和国人力资源和社会保障部令第 8 号），人力资源和社会保障部 2010 年 12 月 31 日颁布，2011 年 1 月 1 日起施行。劳动和社会保障部 2003 年 9 月 23 日颁布的《工伤认定办法》同时废止。

6.《因工死亡职工供养亲属范围规定》（劳动和社会保障部令第 18 号），简称《死亡职工亲属范围》，劳动和社会保障部 2003 年 9 月 23 日颁布，2004 年 1 月 1 日施行。

7.《非法用工单位伤亡人员一次性赔偿办法》（中华人民共和国人力资源和社会保障部令第 9 号），简称《非法用工伤亡赔偿办法》，人力资源和社会保障部 2010 年 12 月 31 日颁布，2011 年 1 月 1 日起施行。劳动和社会保障部 2003 年 9 月 23 日颁布的《非法用工单位伤亡人员一次性赔偿办法》同时废止。

8.《关于农民工参加工伤保险有关问题的通知》（劳社部发〔2004〕18 号），简称《农民工工伤保险通知》，劳动和社会保障部 2004 年 6 月 1 日发布。

9.《建筑施工企业安全生产许可证管理规定》（建设部令第 128 号），建设部 2004 年 7 月 5 日公布施行。

10.《建筑施工企业安全生产许可证管理规定实施意见》（建质〔2004〕148 号），建设部 2004 年 8 月 27 日发布。

11.《国家基本医疗保险和工伤保险药品目录》（劳社部发〔2004〕23 号），简称《药品目录》，劳动和社会保障部 2004 年 9 月 13 日发布。

12.《关于实施〈工伤保险条例〉若干问题的意见》（劳社部函〔2004〕256 号），简称《工伤保险条例意见》，劳动和社会保障部 2004 年 11 月 1 日发布。

13.《关于贯彻〈安全生产许可证条例〉做好企业参加工伤保险有关工作的通知》（劳社部发〔2005〕8 号），劳动和社会保障部 2005 年 4 月 4 日发布。

14.《关于贯彻落实国务院关于解决农民工问题的若干意见的实施意见》（劳社部发〔2006〕15 号），简称《农民工问题实施意见》，劳动和社会保障部 2006 年 4 月 29 日发布。

15.《关于实施农民工"平安计划"加快推进农民工参加工伤保险工作的通知》(劳社部发〔2006〕19号),简称《农民工"平安计划"通知》,劳动和社会保障部2006年5月17日发布。

16.《关于做好建筑施工企业农民工参加工伤保险有关工作的通知》(劳社部发〔2006〕44号),简称《建筑企业农民工工伤保险通知》,劳动和社会保障部2006年12月5日发布。

17.《关于加强工伤保险医疗服务协议管理工作的通知》(劳社部发〔2007〕7号),简称《工伤保险医疗协议通知》,劳动和社会保障部、卫生部、国家中医药管理局2007年2月27日发布。

(四) 关于职业病的部门规章

1.《职业病范围和职业病患者处理办法的规定》(〔87〕卫防字第60号),卫生部、劳动人事部、财政部、中华全国总工会1987年11月5日发布,1988年1月1日施行,其中的"职业病名单"已于2002年4月18日失效。

2.《职业病危害项目申报管理办法》(卫生部令第21号),简称《危害项目管理办法》,卫生部2002年3月28日发布,5月1日施行。

3.《职业病诊断与鉴定管理办法》(卫生部令第24号),简称《职业病办法》,卫生部2002年3月28日发布,5月1日施行。

4.《职业病危害事故调查处理办法》(卫生部令第25号),简称《职业病事故处理办法》,卫生部2002年3月28日发布,5月1日施行。

5.《职业病目录》(卫法监发〔2002〕108号),卫生部、劳动保障部2002年4月18日印发施行。

6.《建设项目职业病危害分类管理办法》(卫生部令第49号),卫生部2006年7月27日发布施行。

(五) 其他中央政策性文件、批复

1.《关于职业病诊断与鉴定有关问题的批复》(卫法监发〔2002〕173号),简称《职业病批复》,卫生部2002年7月19日发布。

2.《关于职业病诊断与鉴定有关问题的批复(二)》(卫法监发〔2002〕200号),简称《职业病批复(二)》,卫生部2002年8月12日发布。

3.《关于对异地职业病诊断有关问题的批复》(卫法监发〔2003〕298号),简称《异地职业病诊断批复》,卫生部2003年10月17日发布。

4.《关于进一步加强职业病诊断鉴定管理工作的通知》(卫法监发〔2003〕350号),简称《职业病诊断鉴定管理工作通知》,卫生部2003年12月23日发布。

5.《工伤保险经办业务管理规程（试行）》（劳社厅发〔2004〕6号），劳动和社会保障部办公厅2004年6月17日发布。

6.《关于职业病诊断鉴定有关问题的批复》（卫监督发〔2005〕293号），简称《职业病批复（三）》，卫生部2005年7月18日发布。

7.《关于尘肺病病理诊断有关问题的批复》（卫监督发〔2005〕339号），卫生部2005年8月17日发布。

8.《关于如何确定职业病诊断机构权限范围的批复》（卫监督发〔2007〕36号），简称《职业病诊断机构权限范围》，卫生部2007年1月26日发布。

（六）地方性规章（以湖北省为例）①

1.《湖北省工伤保险实施办法》（省人民政府令第257号），湖北省人民政府2003年12月31日发布，2004年1月1日施行。

2.《湖北省人民政府关于解决农民工问题的实施意见》，湖北省人民政府2006年12月4日发布。

3.《荆州市工伤保险实施细则》（荆政发〔38〕号），荆州市人民政府2004年5月8日发布，6月1日施行。

4.《十堰市工伤保险实施细则》，十堰市人民政府2004年7月27日发布，8月27日施行。

5.《襄樊市工伤保险实施细则》，襄樊市人民政府2004年7月29日印发，8月1日施行。

6.《黄石市工伤保险实施细则》，黄石市人民政府2004年8月5日印发，9月1日施行。

7.《荆门市工伤保险实施细则》（荆政发〔2004〕26号），荆门市人民政府2004年8月13日印发施行。

8.《宜昌市工伤保险实施细则》（宜府令117号），宜昌市人民政府2004年9月9日发布，10月1日施行。

9.《恩施土家族苗族自治州工伤保险实施细则》（恩施州政发〔2004〕20号），恩施土家族苗族自治州人民政府2004年10月8日通过，11月17日发布施行。

10.《咸宁市工伤保险实施细则》（咸政发〔2004〕23号），咸宁市人民政府2004年11月6日印发施行。

---

① 其他不同省份可以参照本教程"法律文书搜索技巧"一章进行查找，并请及时注意法律法规的更新。

11.《武汉市工伤保险实施办法》（市人民政府令第 161 号），武汉市人民政府 2004 年 12 月 18 日公布，2005 年 1 月 1 日施行。

12.《黄冈市工伤保险实施细则》（黄政发〔2005〕14 号），黄冈市人民政府 2005 年 6 月 3 日印发，7 月 1 日施行。

13.《宜昌市城区农民工工伤保险暂行办法》（宜府发〔2006〕019 号），宜昌市人民政府 2006 年 4 月 27 日发布，5 月 1 日施行。

14.《襄樊市农民工综合保险暂行办法》（襄樊政发〔2007〕31 号），襄樊市人民政府 2007 年 4 月 23 日发布，5 月 1 日施行。

（七）其他地方政策性文件（以湖北省为例）

1.《关于湖北省农民工参加工伤保险和医疗保险的指导意见》（鄂劳社文〔2006〕103 号），湖北省劳动和社会保障厅 2006 年 7 月 15 日发布。

2.《十堰市农民工参加基本医疗保险暂行办法》（十劳社发〔2006〕54 号），十堰市劳动和社会保障局发布，2006 年 10 月 1 日施行。

3.《十堰市农民工工伤保险暂行办法》（十劳社发〔2006〕49 号），十堰市劳动和社会保障局发布，2006 年 10 月 1 日施行。

4.《黄石市农民工参加工伤保险试行办法》、《黄石市农民工参加基本医疗保险试行办法》（黄政办发〔2007〕11 号），黄石市人民政府办公厅 2007 年 3 月 6 日印发施行。

图书在版编目(CIP)数据

农民外出务工法律实务/张万洪主编;李强副主编. —武汉:武汉大学
出版社,2014.4(2017.9 重印)
  ISBN 978-7-307-12006-8

Ⅰ.农…　Ⅱ.①张…　②李…　Ⅲ.法律—中国—手册　Ⅳ.D92-62

中国版本图书馆 CIP 数据核字(2013)第 256328 号

责任编辑:张 琼 胡 荣　　责任校对:刘 欣　　版式设计:马 佳

出版发行:**武汉大学出版社**　(430072　武昌　珞珈山)
　　　　　(电子邮件:cbs22@ whu. edu. cn　网址:www. wdp. com. cn)
印刷:湖北睿智印务有限公司
开本:720×1000　1/16　印张:8　字数:156 千字　插表:1
版次:2014 年 4 月第 1 版　　2017 年 9 月第 14 次印刷
ISBN 978-7-307-12006-8　　定价:15.00 元